生きる力を引き出す

超・倫理学講義

washida koyata

鷲田小彌太

言視舎

0 開講の辞——倫理学を身近なものにするために

倫理とか道徳とかいうと、何か堅苦しい。そのうえ、反動的にさえ聞こえる。人間にとっては、なにがなくても、自由がいい、と考えがちになる。しかし、そうはいかないのだ。

人間は、自由な存在である。度外れた自由を満喫したいと考え、時には行動してしまう存在だ。だからこそ、人間には、倫理という、共通に守らなければならない規範《コード》が、必要になったのだ。なるのだ。

もちろん、倫理は、自由の目的ではない。共通の規範が、どんなに立派に見えても、人間の自由を根本のところで破壊するようならば、人間たちは、そんな道徳をどんどん棄ててきた。

プラトン*は、欲望のほしいままな自由に走るアテネのデモクラシーを呪い、私利私欲の生じない、私有財産のない社会システムを打ち建てようとした。しかし、そこは、清廉潔白な士だけが生きることができても、生身の人間が生息できない社会であった。だから、見事にこけたのだ。

この点では、歴史は、何回も、同じ愚かさを繰り返してきた。マルクス*が構想した共産社会は、エゴイストの住まない、したがって、生きた人間の住みえない、どこにもない場所《ユートピア》であった。

しかし、倫理は自由の目的ではなく、条件である、ということを、その歴史事実を指摘するだけでは、倫理学にはならない。なぜに、倫理は自由の条件なのかを、人間と社会の存在性格を解剖することで、示さなければならない。倫理学は、だから、抽象的なお題目の学ではなく、生身の人間と社会に関する総合的な学、雑学なのだ。

事実、イギリスでは、「道徳哲学*」というと、人文・社会科学にわたるトータルな分野を扱う学問を意味し、ヨーロッパ大陸では、やはり「法の哲学*」が同じ性格のものであった。しかし、私はここで、社会科学をも包括するような学を述べようとするのではない。あくまでも、基軸は「人間」であり、中核は「人間の生命力」である。対象領域のことだけに関していえば、和辻哲郎*の『人間の学としての倫理学』（岩波全書）と同じだ。

とまれ、私たちの生きる力の潜在力を引き出すような倫理学のダイナミズムを、みなさんの前に披瀝しよう。

＊プラトン（B.C.427～327）　プラトンの構想した理想の国家では、家族がなく、妻子は共有、私有財産のない、合理的に計画され、真善美が実現された「衛生」国家である。共産国家であると同時に、ナチが

構想した国家社会主義にもよく似ている。

＊マルクス（1818〜1883）　マルクス自身は、共産社会のプランをほとんど具体的に語っていない。その共産社会構想は、資本主義社会の否定形によって作られたものである。さらにいえば、マルクス自身は共産社会に住むことのできない、裸のエゴイストであった。

＊アダム・スミス『国富論』は、道徳哲学体系の基幹部分だ。その中核に『道徳感情理論』がある。ドイツのヘーゲル『法の哲学』は、「法律」の哲学ではなく、文字通り、「権利・道徳・家族・市民社会・国家」の理論で、人間と社会の総体学の体裁を持つ。

＊和辻哲郎（1889〜1960）　和辻には、別に、大作『倫理学』全3巻（岩波書店）がある。

目次

1 人間の生命力、あるいは、人間はなぜ倫理を必要とするのか

人間の生命力と倫理の関係、という問題を考える場合に、動物の生命力、あるいは、なぜ動物は倫理を必要としないのか、という問題から考えていくと、より問題の所在がはっきりする。

1.1 動物の生命力、あるいは、なぜ動物は倫理を必要としないのか

人間は、ほかの動物とちがって、さまざまな特徴をもつ。倫理もまたそうであり、人間社会のなかにだけ倫理がある。

1.1.1 動物にも「倫理」がある?

❖──猿は、「餌付け」をするとだらしなくなる?

いや、そうではない、動物の世界にも倫理はある、と主張する人がいる。

日本は、動物社会学、とりわけサル学、サルの社会の学問で世界をリードしてきた。その学問を創ったのは、1992年に亡くなった今西錦司*で、サル学という学域《テリトリ》は日本で発達した、といっていいと思う。それは、サルの社会を観察することによって、人間の社会というものの、もっとも原始的なすがた、基本的なすがた、というものを解明できるのではないか、という仮定のもとに出発した学問であり、実際、非常に大きな成果をあげた。

*今西錦司(1902~1992) 今西の仕事で最も面白いのは、進化論をはじめとする理論的分野もさることながら、編著『日本動物記』全4巻のような、フィールド研究を主体としたものである。今西錦司全集(講談社)がある。

ノンフィクション作家の立花隆*『サル学の現在』(講談社)のなかに、日本のサル学が、どのような発展を経てきたのかということが書いてある。そのなかで、今西錦司は、死ぬ少し前、最終的に自分のサル学は失敗したんだ、というような意見をはき、日本のサル学にたいそう悲観的になっている。その今西錦司がいった言葉の中で、非常におもしろいと思うのは、サルは、「餌付け」をするとだらしなくなる、道徳的にだらしなくなる、だ。

＊立花隆（1940〜）田中角栄首相を金脈問題で退陣に追込む火付け役となった、反骨のジャーナリスト。処女著作『思考の技術』（日経新書）は、エコロジー思考の入門書として最適。

「餌付け」というのは、サルの社会を観察するために、人間が餌を与えて、人間とサルとの接触を可能にする、いわば、調査方法の一つである。ところが、「餌付け」をすると、サルたちは、餌を、獲物を自力で確保しなくなる。しかも、サルどうしの関係が、でたらめになる。朝、ちゃんと起きていたサルが、起きなくなって昼まで寝ている。ノイローゼになるサルまでいる。つまり、サル社会にあった、あるはっきりした「規律」というものが壊れてしまって、バラバラになっていく、そういう状態がうまれる。したがって、サル社会は人間社会に近づくと、道徳的にだめになる、人間の社会は、道徳的にだめな社会なんだ、という意見だ。じつに興味深い。

❖自然には、自然の「掟」があるだけだ

これはたいへん的確な比喩的で、おもしろい意見だ。同じようなことは、私たちの身近にいる動物を見ているとよくわかる。その生物が本来もっていたであろうような、規律ある行動という

ものを、動物は人間と一緒に生活しだすと、失う。猫は、いつまでも寝ている、ネズミを、餌を取ろうとしなくなる。犬は、ただワンワンなくだけで、何もしなくなる。吠えない犬までてでくる。餌がくるまで、ただだらっと待っている犬もいる。いわば、動物の世界にある規律というものがほどけてしまう、というようないいかたをするが、これはさっきいったように比喩的な見方である。

私は、自然には、自然の掟があるだけであって、つまり、自然の「法則」があるだけであって、道徳的、ないしは、倫理的なものは存在しない、と断じたい。

1.1.2 動物の生命力

動物の個体の生命力は「強い」?

それを理解するために、「はんざき」を譬えにして、動物の生命力について話そう。

ちょうど私が、あなたがたと同じくらいの年齢の時に、いちばん流行った漫画が、白土三平*の『カムイ外伝』だった。

*白土三平(1932〜) 50年代後半から、貸本マンガ界で活躍する。代表作は、『柳生武芸帳』。60年代、

オオサンショウウオ

学生や青年に、圧倒的な影響を与える。今や、伝説のマンガ家。

忍者の掟の世界から逃れて、アウトロー、無法者になった「カムイ」がたどる運命を、さまざまな場面で活写した劇画だ。おそらく、日本の漫画史を変えた作品だといっていいと思う。全編、非常に暗い。

そのなかに、「はんざき」*という表題の章がある。「はんざき」（半割）とは、オオサンショウウオのことだ。サンショウウオには、きわめて神秘的な力があるとみなされていて、そのサンショウウオを食べた人間には、精力がつく、神秘的な力がつく、エネルギーに満ちる、というふうに考えられている。しかも、その「はんざき」といわれているサンショウウオには、何か、人間には窺い知れないような霊力、オカルト力があるのではないか、と考えられ、組み立てられた物語だ。

「はんざき」という名前は、半分に割いても死なないという意味だ。サンショウウオは、実際、少しぐらい傷ついてもすぐ回復する。だから、「はんざき」というのは、生命力の固まりのようにいわれる。

しかし、よく考えてみると、ほとんどのサンショウウオは、人間の足の入らない山奥の、水のきれいな場所にしか棲息できない生物である。少しでもその環境が壊されると、生きていけない。こういう生物が、まさしく「はんざき」なのである。

動物の世界で、きわめて繁殖力の強いネズミは、その殖え方からいくと何十、何百倍に殖えても不思議はないのに、一定程度、繁殖をすると、パタッと、その繁殖を止めてしまう。それは、必ずしも食物がなくなるからだけではない。

❖――「弱肉強食」の世界――食物連鎖

開高健*の初期の短編小説のなかに、「パニック」という傑作がある。あるとき、ネズミがものすごく繁殖する。ある秋、特別稔ったたくさんの野草の実を食べて膨大な数に繁殖したネズミたちは、雪が溶けはじめると、いっせいに移動をはじめ、ワアッと湖に向かって暴走しはじめる。

何十万、何百万というネズミが死んでいく、という物語だ。ネズミは、地球上に満ちみちてしまいそうだけれども、じつは、ネズミというのは、ある一定の環境のなかでしか生きられない生物なのだ。人間の近くでしか生きられないのである。

＊開高健（1930〜1989）「パニック」は、開高の出世作。この作品のねたを、地方の新聞記事の中からみつけて、一気に書いた。開高の代表作は、『輝ける闇』と『夏の闇』。

このように、生物というのは、一見すれば、非常に生命力があるようだけれど、限定された特定の環境のなかでしか生きることができない。しかも、生物は弱肉強食で、強いものが勝ち、弱いものが滅んでいく、という捉え方をして、私たちは、そういうものを生物の世界として描きがちである。しかし、じつは、食物連鎖といって、肉食、草食、微生物、さらに小さい生物等が、さまざまな段階でそれぞれに、食べる－食べられるの連鎖関係にあるのだ。

鯨は、大きくて勝ちっぱなしか、というと、そうではなくて、鯨が食べる餌が増えなければ鯨は死んでいく。その餌が一定限保たれるためには、食料となる餌が確保できなければならない。

北海道にある洞爺湖のなかに、中の島、というところがある。鹿を保護していて、鹿の楽園だといわれていた。70年代に、鹿が猛烈に殖えた。鹿の湖水渡りというのはあるけれど、本当のところ、鹿はあまり移動できない。たくさん実がなって、あるいは、人間が餌を与えてたくさんに殖えた鹿が、その冬になって、食べる物がなくなり、木の皮や根さえ全部食べてしまった。すると、次の年から、木が枯れ、実がならなくなる。下草がだめになる。したがって、その島から、強制的に相当数の鹿を移さなければ、鹿は全滅してしまう、という事態になった。

生物の世界というのは、じつは、自分の環境を快適にすればするほど、種族が殖えれば殖えるほど、その種族は生き難くなる、生きていけなくなる、という限界をもっているのだ。過密になれば生きていけなくなる、という形で自然界の掟は決まっているのだ。単純な弱肉強食ではない。

❖──「共棲」──「棲み分け」の世界──エコロジー

今西錦司は、生物の世界は弱肉強食で成立しているように見えるけれども、生物は皆おたがいに「棲み分け」をしている、「共棲」している、という注目すべき理論を主張したことでも、よく知られている。*

＊今西は、「棲み分け」理論をもとにして、弱肉強食の競争の原理＝「自然淘汰」を基本とするダーウィンの進化論に反対する。だが、柴谷篤弘もいうように、「棲み分け」は「自然淘汰」に対立するのではなく、広い意味では、その一種である、というのが妥当だろう。

Aという生物と、Bという生物がいて、AがBを食べ尽くすと、Aも滅んでしまうから、AとBは均衡を保って、相手の領分を犯さないようにして生きている。したがって、まったく環境が変わって「棲み分け」の境界線がなくなると、生物は滅んでしまうのだ。

たとえば、外国から連れてきたブラックバスを琵琶湖で繁殖させたら、そこにもともと棲んでいた小魚がみんな食べられてしまう、という事態が生じた。しかし、ブラックバスが殖えすぎると、ブラックバスは餌がなくなって、自身が滅んでしまう。それで、もっと小魚を湖に入れてやっても、ブラックバスがそれを食べ尽くしてしまう。悪循環である。これは、環境が変わったから、一時的に、「共棲」の境界線がなくなったからだ。

生物の世界、動物の世界というのは、きわめて均衡のとれた世界である。「棲み分け」の世界だ。こういう世界には、倫理や道徳は必要でない。じつに、バランスがうまく保たれているのだ。ところが、人間が自然に参入して来てから、自然のバランスが崩れて、生物が次々に死んでいくということが生じる。人間が踏み込まない世界は、ぜんぶエコロジーである。自然は、「共生」関係にある。これを、生態系という。エコロジーのことだ。

自然は、相互依存関係にあり、バランスを保って生きているんだ。そういう生き方が、自然の生き方なんだ。だから、人間も自然と「共棲」して生きていかなければならない、という考え方が、エコロジーの思想*である。すばらしい考え方だといえる。

しかし、そういう生き方が徹底できないのが、じつは、人間なのである。

人間は、そういう生き方をしてこなかったし、もう、エコロジーというような生き方が、できない社会に、私たちは、現在いる。だから、倫理の力でコントロールしなければならない、ということになる。それが人間の世界なのだ。

エコロジーという思想は、だからちょっと倫理先行型である。無駄な物や、ゴミは出すな。自然に返せ、という。こういうような生き方を、もし人間がするならば、50億から60億という世界の人口の内、生き残れるのは、おそらく、どんなに最大限を見積もっても、1千万から2千万人位だと思う。もっとぐーんと少ないかもしれない。自然によって与えられるものだけを摂取して生きてゆくとすると、たとえば、中国は、人口13億の内、自然があまり「上等」でないから、せいぜい2百万から3百万位しか、エコロジーでは生きていけない。それに対して、日本は、少し自然が残っているから、当初は、50万人くらいは生きてゆけるかもしれないが、それも、少しは続いても、長続きはしないだろう。ほとんど死に絶えるだろう。


*エコロジーで人間が生きようとすれば、どれくらい年代をさかのぼればいいか、は考察しておく価値のあるテーマだ。もちろん、農業が主体となった社会では、エコロジーでは生きられない。開墾（農耕《カルチア》）とは自

然破壊なのだ。

1.1.3 動物は、自然を越えないから、倫理を必要としない

❖過剰なエネルギーが生きるためには、自己コントロール(倫理)が必要になる

動物は、自然を越えない。つまり、自然の掟《ルール》に従って生きていかざるをえない。ゆえに、動物自身が自分（たち）をコントロールする、倫理（法・道徳）を必要としない。これに対して、人間のように、自然が与える以上のものを必要とし、それを利用・加工し、さらに拡大再生産・消費していく、という過剰なエネルギーをもって生きるためには、このエネルギーをコントロールする倫理（戒律・法・道徳・義務）を必要とする。つまり、倫理というものは、私たち人間の過剰な生命力が要求する、生きるための手段、方策なのだ。

倫理なんか必要ない、という人は、自然に戻るしかない。自然に戻るというのは、食物連鎖の中に自分を置くということだ。

大雑把にいう。草原に群れをなしているシマウマ全部が助かる（生き残る）わけにはいかない。そのうちの何頭かは、ライオン等に食われなければならない。何頭かは食われる。だが種族自身は、生き延びるべく、草を食べる。ただし草をぜんぶ根ごと食べると、シマウマ自身は滅びる。

だから草（と水）を求めて移動する必要がある。この移動というのが、困難と危険を伴う。

家畜と野性動物は、外形が似ていても、ちがう。オーストラリアの放牧羊は、放っておくと、草を根ごとぜんぶ食べ、砂漠化をまぬがれえない。* 野性の動物は、通常、草を、根まで食べないし、まばらにして残しておく。そして移動していく。群れは、数頭をおのずと間引しつつ、数を一定に保ちながら生きていく。人間は、そうじゃない。といっても、人間もまた、飢饉のような食糧難のときは、間引きを余儀なくされる。

＊家畜は、人間に寄生する、人間化した動物である。自然との共生の中でうまくバランスを取って生きることができなくなっている。

1984〜5年、エチオピアでは、内戦や干魃で、何百万人という人、人口の半分位が、ひどく飢えた。私たちも、国際機関を通じて、あるいは、ボランティアを通じて、いろんな援助した。お金で、物で、医療等でだ。

エチオピアは、古い国で、何度も飢饉に襲われてきた。以前は、飢餓が襲うと、半ばが死の淵に追い込まれた。ところが、国際（海外）援助である。過半が餓死しなければならない瀕死の社会状態であり、その社会が内部改善されないにもかかわらず、食料が与えられる。結果、かれらが子供を生んで、人口が増える。また、飢饉に襲われると、飢餓が拡大再生産されていく。この連鎖をどこまで続けたらいいのか、という問題になってくる。*

このように考えると、他人を手助けするとか、他国を支援するとかいう、ヒューマニズムという温かい動機で他民族を援助することが、いま、無条件にいいのだ、というわけにはいかなくなっている。大変むずかしいところにきているのだ。

*開発援助、飢饉救済は、必要である。しかし、自律的なコントロール力のない国や地域に援助するのは、問題の解決を遅らせることがあることも、知っておく必要がある。これは、別に、外国に関してばかりではない。国内でも、町内でも、家族内でも、同じことが起こる。

つまり、人間は、自然の力、自然のバランスの取れた調整力で、自分たちをコントロールするばかりではなくて、人間自身の力でコントロールする必要がある生き物なのだ。そのコントロール力の総体が、「倫理」とよばれているものだ。*過剰なエネルギーが生きるためには、それを一定の限度に制御する人工の調整力、すなわち、倫理が必要になる。

*「倫理」とは、規則《ルール》（の総体）のことだ。その多くは、～してはいけないという「禁止」条項で、「タブー」

（禁忌）もその一つだ。人類の三大タブーに、人肉食・近親相姦・殺人がある。

1.2 人間個体の生命力

では、人間個体の生命力と動物の生命力とは、どう違うのか。

1.2.1 人間個体の生命力

❖──「裸のサル」──個体は、長い間、自力で生きることができない

札幌大学には、動物社会学、ないしは、チンパンジー学、サル学をやっている権威、上原先生がいる。人間といるときよりも、サルといるときのほうが落ち着く、と日頃いっている。京都大学と東京大学をでて、博士号をもっている非常に優れた先生だ。上原先生の言葉によると、人間とチンパンジーの身体的な差はぜんぜんない。大きいか小さいか、長いか短いかだけだ。サルにあるもので、人間にないものはない。人間にあるものでサルにないものはない。それくらいよく似ている、ということだ。

イギリスの動物学者、エズモンド・モリスは、人間を「裸のサル」であると言う。*至言だ。「裸のサル」だから、人間は「服」を着なければならない。つまり、人間は、「文化」を持つ。同じことを、栗本慎一郎は、「パンツをはいたサル」*と表現した。人間はパンツをはかなければならない。つまり、倫理を持つ。文化を持つのだ。さまざまな、自然にないさまざまな決まりを身につけるのである。

*モリス『裸のサル』(1967)河出書房新社　1969

*栗本慎一郎『パンツをはいたサル』(光文社　1981)。栗本(1941〜)自身、どんどんパンツも、ボウシも脱いで、学者からタレントへ、そして、衆議院議員へと進化し続けていった。

逆に、生命力からいうと、人間は生物だけれども、「裸のサル」、無防備な動物で、長い間、自立して生きることができない。十月十日母親の腹にいて、オギャアと生まれてきても、何もできない。生まれてから、自力で生活できるようになるまで、相当の年月が必要なのだ。こんなことを他の生物がやっていると、全滅してしまう。だから、人間個体の生命力というのは、他の動物にくらべたらきわめて微弱である、とみたほうがいい。「人間は弱い動物である」というのは、本当かもしれない。

ここに直接関係ないけれど、人間を、「裸のサル」だといえるようになったのは、つい最近のことだ。ダーウィンが『種の起源』を公表してから、人間はサルから進化した、といえるようになった。

40年位前、「猿の惑星」という映画があった。パロディで、人間の進化したものが猿だという物語で、大変おもしろかった。しかし、人間はサルから進化したのだ、サルと人間との間には、身体的な区別は何もない、という考え方ができる水準に達したのは、人間がすごく文明的、知的になって、人間とサルとの間には、ほとんど身体以外は共通するものが何もない、ということになってからのことなのだ。* 人間がサルと同じような生活をしていればいるほど、いわば未開社会の人々ほど、人間とサルは、まったく違うものである、異なった存在だ、と考えていたということになる。

＊人間は、平等である。平等であるからこそ、ある人が成功し、ある人が零落するのに、我慢ならない。平等から、嫉妬と抗争が生まれる、という感情原論をもとに社会哲学を構成しようとしたのが、ホッブズ（1588～1679）だ。主著は、『リヴァイアサン』（1651）岩波文庫）

自分と他人とはまったく違う存在である、と思っているあいだは、その人はまだ成熟していない、と考えていい。人間はみな兄弟である、あまり変わらない、人間もまた生物の一種である、と思えるようになったときに、人間は高度な発達を遂げた、といえる。つまり、自他の区別を、余裕をもって、客観的に観察できるようになるからだ。

❖――エコロジーは素晴らしい。しかし、何人が生存可能か

では、自然と共生して、人間は生きていけるのだろうか。そしてそれは、素晴らしいことなのだろうか。

エコロジストたちはいう。車は、大気汚染をする。工場は、廃液を流す。食堂は、残飯をほかす。今の若い子は、食いのこすわ、やりまくるわ、まったくもうなってない。そんなものは、挽き肉にしてしまったほうがましだ。こういう人までいる。

しかし、エコロジーに戻れるのか、というと、戻れないのだ。* いま、自然と共生して生きていこうとすると、ものすごいお金＝コストがかかる。私は、札幌から40キロほど離れた、長沼の馬追山の上に住んでいて、水も自力でボーリングして掘りあげ、電車もバスも何もない所にいる。これには、すごく金がかかる。それに、雪かき、ごみ焼却、通勤等々、相当の労力を必要とする。都会で生活するよりエネルギーが必要だ。ことほどさように、現在、エコロジー的に生きていこうとすると、大変な労力と費用がかかる。だから、現代社会のなかでエコロジーをいう場合には、

あまり浪費や汚染をやりすぎないように、という「警告」としてなら意味はあるが、エコロジーを徹底することを人に強制するのは、間違いだといっていい。

＊エコロジーは、自分ができないことを、人に、社会全体に要求する、わがままな思想の一種である。その点で、幼児期特有の思考である、といっていい。もちろん、わがままも、幼児のように、ごく控え目であれば、かわいい。

都会からやって来て、この沼は美しい。保護が必要である。人間の足が無制限に踏み込んだり、車が入るのを止めなければならない。ならば保護・観察が必要だ。だから、私たち自然保護団体の会員たちが、監視巡回するために、沼の上や周囲に板を通して歩けるようにしなさい、なんていう。殺したろか、と思うけど、そうもいかない。私は、エコロジーは嫌いだけれど、自分をナチュラリスト*だとは思っている。

＊ナチュラリストは、自然が好きだ。自然の中で生きると、無意識に快適になる。でも、自然と共生できるとは考えない。自然を満喫して、つまりは、じかに消費して生きるのが好きなだけだ。20年住んで、水道がついた。飲み水の心配から「解放」された。

こういうふうに、人間の生命力というのは、個体としては弱々しい。

しかし、私は、逆のことをいいたい。

動物は、個体の力が強いといわれているが、環境の変化に適応する能力がない（小さい）。自分の環境が変われば、すぐだめになる。ところが、人間は、環境が変われば変わるほど、強くなれるのだ。身体的にも精神的にもである。

田舎に生まれ、田舎で育って、田舎で死んだ人は、肉体的には強くても、精神的にタフだといえない。少しむずかしいことが起こると、手も足も出ない。頭は働かない。都会っ子はモヤシっ子だといわれる。けれど、いろんなことに適応できる。むしろ逞しく生き抜く力は、田舎っ子より上だ。

一個体としての人間は、動物と比較すると生命力が弱いといえるが、じつは、人間の本質というものは、過剰な生命力にある、といえるのだ。無制限な、といっていいくらい、人間の生命力に「限度」はない。

1.2.2 「過剰」な生命力

❖――なぜ、若者は「都会」が好きなのか

私は、札幌の厚別区に生まれた。高校まではそこにいた。厚別は、札幌市に編入されるまでは、白石村字厚別といって、人口5千人、家は800軒であった。どこの誰が、今日何をしたのか。学校で先生に叱られ、帰るときに仕返しに校門にションベンをかけてきた。上級生に殴られて泣いて帰ってきた。家に帰って母親に怒られた。こういうことを、みんな知られてしまう。家のお金をくすねて駄菓子を買ったことまで、駄菓子屋の小母さんを通じて知れ渡る。あの頃ほど、親の目のとどかぬほど遠くにいって、自由に遊びたいなあ、と思ったことはない。

だから、高校とか大学に行くということは、自分のそういう、濃密な人間関係にまとわりついた社会から、どう逃れたらいいのか、ということを意味した。* 私の場合、東京にも、京都にも、親戚や知り合いがいる。それで誰もいないところを捜したら、大阪しかなかった。さすがに、親類縁者、知人友人、誰もいなかった。だから、大学を出て札幌に帰ってくるまで23年間、家族以外には行方不明の状態だった、といってよい。これは、気分がよかった。それはなぜか。

＊かつて、大学進学というのは、「家出」の一種だった。就職もそうだ。「書を捨てよ、町へ出よう」（寺山修司）ではなく、「町に出て、書を読もう」でなければならなかった。

なぜ、「都会」がいいのか。匿名になる、つまり、自分の名前がなくなるからだ。そこでこそ、自分のもっている、なにかわけの分からないモヤモヤッとしたもの、いわば、生命力を、自由に発散できるのである。

実際にどういうことか。私は、大阪では遊ばなかった。遊ぶといっても、月一、酒を飲みに行くだけである。大阪には、阪神ファンという気違いがいて、酒を飲みに行くと、阪神タイガース以外は人間と思われない。私は巨人が好きなもので、つい、興奮の余りバカヤロウ、といったら、みんなから大変な目にあった。そういうことがあるので、大阪では飲まなくなり、東京の新宿のゴールデン街*という、とんでもない「場末」に行った。オカマとおばさんしかいないところだ。もちろん、そんなおかしなところに出入りしたわけではない。私が行ったところでは、ママとわけの分からないジャーナリストか映画人かみたいな人と、夜の6時位から12時位まで、だまーって飲んでいる。それでもワクワクする。何かしている感じがする。これが、都会である。ディスコにいって、Tバックで踊っているばかりが都会ではない。猥雑なところ、卑猥なところ、いろんなところが混ざり合わさった、汚いところである。そういうところを通過しないと、自分の「過剰」な生命力に気がつかないのだ。「都会」のモヤシッ子がなかなかしぶといのは、そういう「都会」の毒を多少とも知っているからだ。

大学に来るということは、そういう都会の猥雑なところを、いくぶん通過するということである。しかも、大学生は、一人前の大人として扱ってもらえる。だから、こういう期間を通過するのと、高校を出て、独り立ちして、仕事一筋に一生懸命頑張るのと、これはだいぶ違う。「都会」に行って、大した目的もなく、しかも、自分で切ない思いをして、暗い気分に浸って、猥雑になる。ここに、何か、モヤモヤッとした生命力が生まれるのだ。* だがまずいことに、入った大学（文学部）は女子と田舎出のジャガイモばかりだった。私もその一人だったが。

＊ゴールデン街は、消えるかもしれない。こういわれ続けてきた。一度はゆくといいよ。入りにくいなら、銀河系かジュテという店にいって、私の名前をいうといい。もちろん、支払いは自分でしなさい。

＊曾野綾子のエッセイ集『都会の幸福』（ＰＨＰ　１９８９）は、カールイタッチの都会賛歌である。読まれるといいよ。

❖――「祭り《カーニバル》」と「戦争」――「消尽」

このような人間の「過剰」な生命力が、爆発して、生まれるものがある。しかも、人間は、この爆発を意識的にやる場合がある。ふだんは、個人的に、喧嘩をしたり、酔ったり、猛烈に勉強したり、スポーツをしたりして、発散する。しかし、意識的・集団的にやる場合がある。これが、「祭り」である。

「祭り」を、カーニバルという。乱痴気騒ぎのことだ。乱痴気とは、やりたいほうだい、無礼講、ということである。もちろん、性的なことと関係する。昔、日本にあった「祭り」は、その日、そこに参加した人たちのあいだでは、性的に自由にふるまっていい、という暗黙の了解があった。私たちの村では、盆踊りであった。厚別の駅前の、電気もあまりない暗い所に、10メートル位の櫓を組んで、その上に裸電球が3つ位、下は暗ーい。上で太鼓がどんどん鳴っている。みんな浴衣を着て、おじさんおばさんが出てくる。戦後10年ぐらいまで続いた。その時に、何をするかというと、その時はやってもいい、してもあまり怒られない、という風習がまだわずかだが残っていた。残っていただけなのに、それを本気にして、やった人がいた。のちに偉い人になったが、警察に追われるやらで、当然、ひどい目にあった。

いちばん知られているカーニバルは、リオのだ。一年間、その「祭り」のために、自分の働いた金を、一日でぜんぶ使ってしまう。これが「祭り」だ。「消尽」である。使い尽くしてしまう。ただただ、壊してしまうために、やる爆発だ。

「未開」社会では、ポトラッチ*といって、人の見ている前で、持っているものをみんな壊してしまう。そういう日をつくって、自分の財産をぜんぶすってしまう、という儀式があるらしい。北米西部のインディアンの旧慣例から発したそうだ。同じようなのが、今に続くカーニバルだ。もっと大規模なのが、「戦争」である。

＊ポトラッチ　人類学では「無償贈与」を意味する慣行と捉えられる。だが、婚姻や葬式で、贈与したものと見合うものを要求する、「贈与（財産）による闘い」の一種という性格を持っている。この慣行は、現在、日本にも生きている。

なぜ、人は「戦争」をするのか。全面的な「戦争」をするのは、人間だけである。相手に勝つために、相手を征服するために、土地を広げるために、か。でも、土地を広げても、広げすぎたら必ず負ける。歴史をひもとけば分かるように、最終的に勝った戦争などというものはない。[＊] 最後の勝者などというのはいない。ならば、なぜ、戦争をするのか。

＊ベトナム戦争で、アメリカは「敗北」した。しかし、その勝者たるベトナムの社会主義は、20年も経たないうちに、アメリカを先頭とする資本主義に「敗北」した。こういう事例は、数え上げたらきりがない。

テレビで、競馬必勝法[＊]、という番組を見た。その努力たるや大変なものである。毎週、馬券を決めるために、まる2日、仕事を放って、コンピューターにデータを打ち込む。それで、勝つ倍率は1・4。1年間、100万円賭けたら140万円返ってくる。しかし、勝ち続ける人は少ない。競馬に賭けないで、その間仕事に賭けていたら、どのくらい成果（収入）があったろうか。計り知れない。だから、とてもわりに合わない。

それでも競馬は廃れない。競馬は、儲けるためばかりではなくて、その行為が、基本的には、「消尽」だからだ。中央競馬界と政府が25％、天引きするのはわかっている。だから、勝っている人なんてごく僅かである。それでも、人間は、こうして気晴らしをするのである。

＊つい、20年前までは、競馬は、やる人はもとより、その家族をも、悲惨な人生に誘い込む凶事に類することだ、と考えられた。しかし、現在、国民の、ある種普通のゲームとみなされるようになった。競馬は、ギャンブルであることをやめたわけではない。この「コード」の変化は、十分に哲学の考察の対象になる。

気晴らしというと、単純そうにみえるが、そうではない。人間自身が創り上げてきた文明とか、過剰な生産とか、過剰な欲望とかを、あるとき、さっぱりと捨ててしまう。そして、また同じことをやり始めるということである。大変なことだ。

受験勉強もそうだ。私は、受験勉強なんかつまらない、と思っている。今はそうでもないが、昔は浪人なんかすると、ちょっと、陰惨になる。私は浪人した。偉そうに、東大の次は京大だし、京大の次はまあ、あまりなくて、阪大なんか三流校、四流校だ、といって受けにいったら、見事に落とされたわけだ。もう、村に帰れない。ざまみろ、とみんな思っているわけだから、行方不明になったりもする。しかし、この時に、一生懸命やるかやらないかは、どうでもいいことではない。やるほうがいいに決まっている。それは、知識をたくさん獲得したかどうかではなくて、過剰なエネルギーを貯める結果になるからだ。この過剰な生命力は、人間だけに備わっていて、しかも、限度がないのだ。だから、貯めるべきときに貯めないで、気晴らしに徹すると、生命力の容量が小さい、エネルギー欠乏の状態が続くのだ。

❖――「清貧の思想」

93年によく売れた本に、中野孝次の『清貧の思想』（草思社）がある。実売で60万部、公表で100万部も売れたという。バブルがはじけ、飽食の時代を経て、若者も年寄りも、少し狂っていたのに気づいた。本当の人間の生き方とは、少なく物を持って、軽く、エコノミカルに、逆に、美とか、芸術とか、小説とか、思想とかの精神的なものに、自分たちの慰めを求めるような生き方をしたらいいのだ、という内容である。だから、西行法師とか、鴨長明とか、ビジネスを退いた、晩年を質素に暮らした人とかがモデルにされている。*

しかし、「清貧」の生き方って、一見いいようにみえるが、このような思想で生きていって、いったいどんな人間ができるのだろうか。

＊「清貧」とは、清く貧しく生きる、ということだ。しかし、作者がいっているのは、財を成した人が、つまりは金持ちが、清く、貧しく生きるので、貧しいだけの人間が、清くしか生きられない、ということではない。誤解のないように。

1.2.3 「過剰」な生命力のコントロール

❖——キリスト教——「原罪」

人間は、「過剰」な生命力というものをもっている。

自分自身をも焼きつくしてしまうような欲望とか、目的、野望、権力欲、金銭欲、性欲とかをもっているからこそ、人間は、それを無制限に発揮しないように、共同であるいは自分でコントロールしようという力を働かせるのである。それが、いちばん露骨にあらわれたのが、キリスト教だ。

キリスト教は、人間がもつ「過剰」な生命力のなかで、3つの生命力を、「原罪」といって禁じた。つまり、金銭欲、性欲、名誉欲である。中世社会でいちばん嫌われたのは、金を持つことであった。シェークスピアの「ベニスの商人」しかりだ。金貸しのシャイロックが、人間の中でいちばん堕落した人間だと描かれている。変な物語だ、と思わないだろうか。シャイロックに金を借りた貴族は、裁判で自分を正当化するようなことをいって金を返さない。それが、ほめたたえられる。これを、シェークスピアはパロディで書いているのだと思う。とはいえ、金銭欲は無制限である。100万円貯めても、1千万円、1億円、1兆円貯めても、限度はない。性欲もそうだ。やりすぎるということはない。どんなに名誉を得ても、それに限りがない。そういう現象、人間がもつ「過剰」な生命力を、キリスト教は、「原罪」として禁止したのだ。つまり、金銭欲、性欲、名誉欲を求める人間は、「原罪」を負った、救われない人間であり、その罪によってあの世で地獄におちるのだ、というのがキリスト教の思想である。

18世紀から19世紀初頭にかけて、私たちに大変大きな影響を与えた哲学者のカント*は、人間が、「過剰」な生命力というものをもっていることを、人間性に対立する感性に人間は支配されている、といった。感性とは、物質的な欲求、今でいうところの物欲の根にあるものだ。こういうものを、人間は、なくすることはできない。しかし、人間は、こういうものをもつことによって、道を誤る。だから、理性の力で、感性欲をなだめ、発揮させないようにしなければならない。金を持とうとか、名誉を求めようとか、性的な興味をもつとかいう人間の欲望を制限して、コントロールして生きるのがふつうの人間の生き方なのだ。したがって、これに反する人間は、野獣のような人間、理性を失った人間、といわれる。

＊カント（1724〜1804）の倫理学上の主著は、『実践理性批判』（岩波文庫）である。だが感性を持つ人間は、不可避的に理性のコントロールを外れる、とカントはみなしている。「暫定法」論としての『倫理哲学』（人倫の形而上学＝法哲学）が必要な理由である。

❖──カント──理性で「統制」（コントロール）する

カントでは、人間の自然、欲望、感覚というものは、一つながりをなして、人間を「悪」へ導く「元凶」であり、理性が「悪」への道を防止する、ということになる。＊これは、キリスト教の考えと同じであり、私たちが、「飽食」や「浪費」、遊びやゲームを、無駄なもの、悪徳とみなす考え方と、基本的に、同じである。

＊カントの倫理学は、ちょっとやり切れない。しかし、認識論は、とても素晴らしい。私たちは、客観的な事物（物自体）を認識できるかどうか、を問題にする前に、物自体を認識する能力をもっているかどうか、を吟味しなければならない。私たちは、物自体については、それが何であるか、と考えることはできるが、認識はできない。私たちが認識できるのは、感覚に与えられた「現象」のみである、というのがカントの考え

である。その認識論上の主著は、『純粋理性批判』(岩波文庫)だ。

1.3 人間社会の生命力

1.3.1 「言葉」の力

❖――なぜ、人は「夢」を見るのか

人間は、個体として「過剰」な生命力をもつ。しかし、じつは、個体がもともともっていたというよりも、人間社会が「過剰」な生命力を生み出す力をもっているのだ。それが、言葉の力であり、生産の力である。その「過剰」な力を無制限にしておくと、人間社会は存続していかなくなるから、倫理の力でコントロールしていこう、という人間・社会観がうまれる。だから、人間社会に、もともと、ア・プリオリ(先天性)に、倫理の力が備わっていた、と考えるとまずいことになる、といいたい。

意識とか、観念とか、魂とかと、共通の意味をもつものが、「言葉《ロゴス》」(希 logos)である。しかし、「言葉」という言葉はありふれているが、簡単ではない。
なぜ人は「夢」を見るのか。これを「言葉」に関連させて語ってみよう。

あなた方は、もう、おばあさんと暮らしていないと思う。しかし、つい最近まで、私たちは大家族であった。私の家は、爺さん婆さんだけでなく、叔父さん叔母さんもいて、20人くらいの大家族だった。その中には必ず2、3人、働かないでのんべんだらりとすごす人がいる。日本人は世界で一番働くというけれど、それは、つい最近になってのことだ。*つい35年40年である。私たちの世代が、猛烈に働いたのだ。その上の、父親の世代から上は、つまり戦争に行った世代の人たちは、そんなに働かなかった、働かなくてもよかった、とみていい。働くときはちょっと働くが、あまり、あくせくしていなかった。ぜんぜん何もしない、私の叔父がいた。その叔父が、習字を書いている私のそばで、気持ちよさそうに昼寝をしていた。いたずら心で、墨で叔父の顔にヒゲを書こうとしたら、祖母から、寝ている人の顔にヒゲなんか書いたら「死んでしまう」、と叱られた。

寝ている、というのは「夢」を見ているということだ。「夢」を見ているときも、人は現実に起きて活動しているのと同じようなことをしている。野山に遊びに行ったり、好きな人とデイトしたり、おいしいものを食べたり、悪魔に追っかけられたり……。

人間は、なぜ「夢」をみるのか。寝ているときに、体から魂《アニマ》が出ていって、遊びにいく。これを、離魂という。中国では、飛魂だ。中国の話に、首（魂）を飛ばすというのがある。*毎晩、恋人のところに、娘の首が飛んでいく。それを嫉妬した男が、残った娘の肉体を犯してしまう。それでも嫉妬心の募った男は、ついに、残った方の首に布を巻きつけたので、戻ってきた首は、胴体に接合できず、腐ってしまう、という話だ。

＊「働き者」といういい方がある。「会社人間」ともいう。しかし、日本に実際上、モーレツ人間は、西欧諸国と比較すると少ない、といっていい。
＊「首が飛ぶ」という話は、倉橋由美子『倉橋由美子の怪奇掌小説集』（潮出版　１９８５）にある。面白いよ。

魂が遊びに行っているあいだ、叔父は寝ている。そして、魂が戻ってきたとき、その顔がヒゲで他の人のように映ってしまったら、戻ることができない。つまり、死ぬ、と言う祖母の話は、じつは、世界中にある話なのだ。

人間は、「夢」を見ることによって、自分の体のなかに、肉体とは違う、肉体を動かすある特殊なもの、アニマがあって、それが人間を動かす原動力なのだ、と考えた。だから、人間が死んだら、そのアニマ、つまり魂を共同で、ないしは、個体で入れておくのがお墓*なのである。

＊墓は、魂の安所である。休み所である。同時に、死んだ人の魂が、勝手に動き回っては、生きている人間が厄介な目をこうむるから、魂を閉じ込めておく場所でもある。そういう、二つの対立する意味をもった、鎮・閉魂の場なのだ。

❖――「アイディア（観念）」の力

人間には、自分の肉体以上に何か特別なものがあって、そういうもの、つまり魂が、人間だけでなく、自然のすべてのものを動かしているんだ、と考えた。これがアニミズム（自然崇拝）である。木には木の魂がある。川には川の魂がある。雨には雨の魂がある。後に、それら、森羅万象の魂が一体となって、「神」となる。

ところで、言葉とは、「言霊」である。コトダマ、つまり、魂の一種なのだ。私たちは、「言葉」で考える。現にそこにあるものでなくても、それを喚び起こすことができるものが、「言葉」である。恋人が目の前にいなくても、恋人をよびおこし、彼女に熱い思いを自分自身で語る。これは、魂で語っているのだ。

「言葉」は、現に存在しないものを、存在あらしめる。

「言葉」は、まだ存在していない社会とか、理想とかを喚び起こすことができる。

つまり、「観念」*(idea)の力だ。その力は、まだ存在しないものをも、喚起することができる。こうしたい、こうあって欲しい、と願うものを、「言葉」によって、実現してしまう。世界を新しく創り変えていこうとする。その「言葉」が羽ばたく力には、限度はない。

*プラトンの「イデア(観念)」とは、アニマ(魂)のことである。いっさいの感覚的な世界は、「イデア」のイミテーション(模造)であり、「イデア」によって作られたものである、というのが、彼の、イデア論である。

しかし、現実には、限度がある。人間は、「言葉」に現実を合わせようとする。「言葉」をどんどん膨らませていって、現実をどんどん変えてゆこうとする。この言葉の無制限な膨張力が、「過剰」な生命力の、いわば、一つのしかし絶対的な根拠になっている。

私たちは生きている。ただその生きている世界を「言葉」でなぞって、良かった悪かった、というだけでなくて、こういうふうになりたい、こういうふうにしたい、ここに行きたい、それにはどうしたら到達できるのか、その手段は何なのか、ということを「言葉」で喚び起こして、それに接近していく。人類全体としても、個人としてもそうだ。

あなた方は、大学に来て、学問を学んで、立派な社会人になりたい、とは別に思わなかったろう。みんな行くから行く。根拠＝理由（reason）がなくても、みんなが行くから行く。みんな行くものね、行かないと困るものね。それも、「言葉」である。

「はじめに言葉ありき」。聖書の創世記だ。

❖——「無」から「有」を生み出す

はじめに「言葉」*ありき。「光あれ」、と神がいうと、闇から光が出てきた。天と地が分かれた。それから、さまざまな生命が生まれ、最後に人間が生まれる。このような神話は、世界のあらゆるところに存在する。いわば、「言葉」が、人間を、人間の社会を生み出していくのが、神話の原型だ。

＊「言葉」が、人間を、人間社会を創った、ということを言語記号論を通じて解明しようとしたのが、構造主義の生みの親ソシュール（1857〜1913）だ。詳しくは、丸山圭三郎『ソシュールの思想』（岩波書店　1981）を参照されたい。

「言葉」が、新しい欲望を生み出すための起動力に、すべてのものを動かす起動力になる。これが、他の生物と異なる人間力の真の原動力だ。

「言葉」のない社会と、「言葉」のある社会は違う。「言葉」のない社会は、基本的には、「同じこと」の繰り返しである。これが、動物の世界だ。人間の世界は、「言葉」を使って、未来社会をつくったり、理想社会《ユートピア》をつくろうとしたり、あるいは、地獄の社会《デトピア》をつくったりする。すなわち、「言葉」が、「無」から「有」を生み出すのだ。

人間は、思い込みが激しい。私の友達が、大学3年生のとき、「肺結核になった」ということがあった。レントゲン撮影のときに影がでたのだ。それから1週間、精密検査の結果が出るまで、ご飯も酒も喉を通らない。それが何でもなかったと分かった瞬間、元気になって、食べるわ食べるわ、飲むわ飲むわ。これくらい、思い込みが激しい。

つまり、観念によってつねに拘束されている。したがって、人間の過剰な生命力というのは、物質的な何かモヤモヤッとしたものとはいうけれど、血のしたたるような野蛮なものではなく、じつは、観念が生み出す世界なのである。だから、平穏な田舎で、頭が混乱しない生活をしていると、観念が暴れまわる必要もないから、生命力は弱くなっていくのだ。*

*1980年代、都心にあった中央大学や法政大学をはじめ、緑いっぱいの「田舎」に移転した。もちろん、学生の頭の中にも緑のコケがはえた、と私は判断している。もちろん時は移る。学園都市に変貌する。

1.3.2 「生産」の力

❖人間の「生産」——道具を作る存在

さらに問題なのは、「生産」の力である。「言葉」と同じように、人間の過剰な生命力を生み出している根拠に、「生産」の力がある。

動物も、人間も、自然に働きかけ、それを摂取する。これを、物質代謝、食物代謝、新陳代謝、異化同化作用という。生命のあるものが生きていくためには、必ず自分以外のものを摂取する。ライオンが、シマウマを捕って分ける。これも、人間からいえば、「生産」であり、労働の一種である。人間も、狩猟をして、獲物を分け与え、消費する。これが「生産」である。生物はみな、生命活動を維持する（生きる）ために、「生産」するのだ。

しかし、人間は、動物とちがう「生産」の仕方をする。

アメリカの独立戦争を推進したフランクリンは、人間は、「道具を作る動物である」（tool making animals）といった（そうだ）。人間は、その道具を使って自然に働きかけ*、自然を変えていく。動物は、自然をあるがままに受け取るだけだ。人間は、道具を発達させることによって、自然をますます人間の生活に必要なものに、大量に変えていく力を獲得する。これが、技術文明、機械文明の原動力である。私たちは「生産」に使う道具を発達させることによって、自分たちの世界が、自然界とはまったく違う世界になることを可能にしたのだ。

＊人間の「生産」において、「生産手段」（その中心が生産用具）の役割を強調したのが、マルクスだ。共産主義者マルクスは、同時に、「生産手段」が誰に属するか、をいう「所有」問題を最も重要視した。「生産手段」に対する人間の二重の関係、これがマルクスの『資本論』を貫くエキスだ。

❖──生産は、新しい欲望(消費)を生み出す──拡大再生産

私たちは、1980年代以降、情報化社会に生きている。情報化社会に生きるという意味で、最も大きいのは、コンピュータが人間社会で実用化されたことだ。コンピュータという単純で軽快な計算機械が、人間社会で実用化されたとき、情報化社会の入口に入ったのだ。

道具を高度に発展させることによって、人間は、「生産」をどこまでも高めることが出来る。過剰な「生産」を生み出す根拠を得るのだ。

若いあなたがたは、今、すばらしい生き方をしている。自転車が普通で、125ccのバイクでさえめったに持てなかった私たちには、まったく想像もできなかった世界に生きている。だがこれは、旧タイプのわたしたちから見てのことだ。

あなたがたの多くは、もう車をもっている。だから満足しているか、というと違うだろう。達成された欲望は、さらに新しい欲望（消費）を生み出さずにはおかない。低コストが、その「生産」を可能にする。もっと働けば、誰もが獲得できるようになる。このような社会に生きているから、欲望が、どんどん「過剰」になる。拡大再生産だ。人間は、道具を開発し、進化させて、さらに「生産」を拡大し、人間のもっている欲望を拡大していく。つまり、生命力が拡大していくのだ。

新しい発想、新しい欲望、新しい消費欲。これらはみな、「生産」が可能にしたものだ。

❖――消費のための消費――必需消費と選択消費

1987年から88年というのは、日本にとって決定的な年であった。必需消費と選択消費*の割合で、選択消費のほうが上回ったのだ。必需消費とは、現在の生活水準で、私たちが必要としている消費物（量）である。必需に費やす費用よりも、消費のための消費、贅沢のための消費に、私たちの消費の半分以上を使う（費やす）ようになった時代が、1980年代の後半にはじまったのだ。消費中心社会の出現だ。これでは、社会主義が崩壊する理由が、よくわかる。（これについては、4で触れることにする。）

人間の欲望が、過剰な「生産」を可能にすることによって、人間の生存にとって必需なものへ

必需消費と選択消費

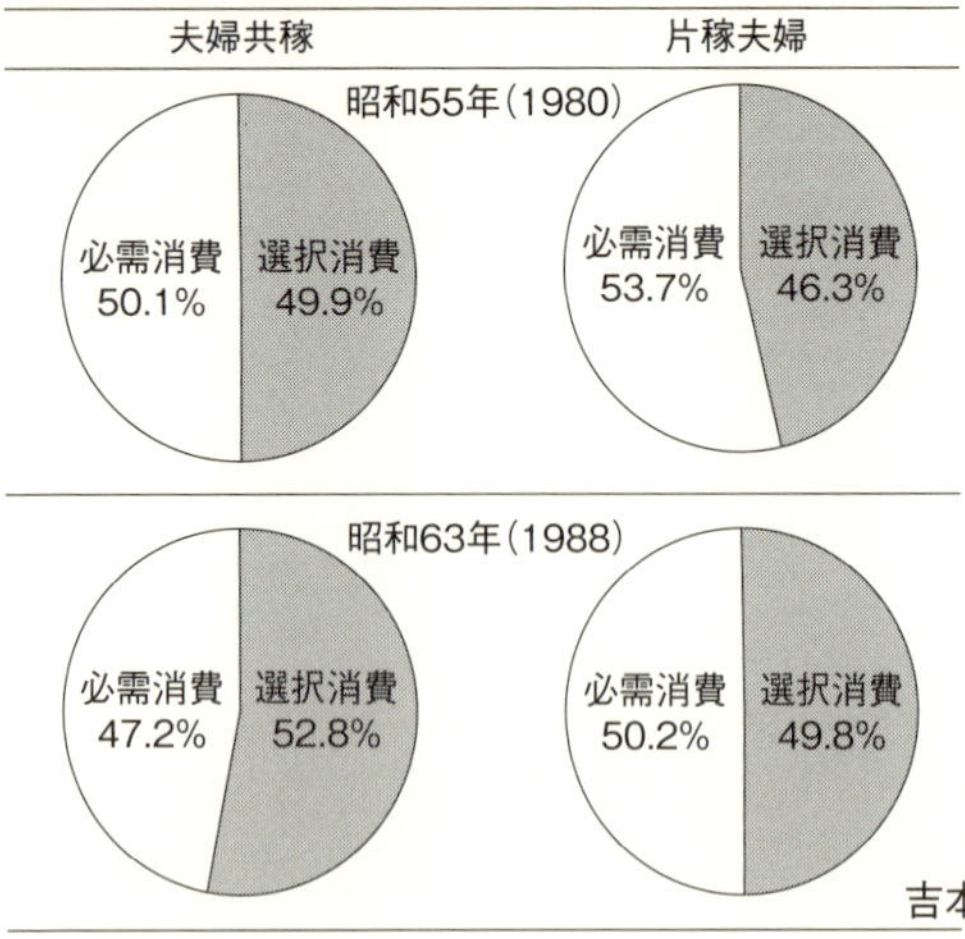

●必需消費＝生命の再生産＝50%を越えたことは食うために働いているのでない
●選択消費が50%を越えたことは＝遊ぶため、教育のため

吉本隆明『大情況論』より

の総費用よりも、非必需なものへの総費用へと向かうようになった。極論すれば、これまで特殊例外だったカーニバルが、日々のものになったということだ。

＊必需消費と選択消費という基本概念は、吉本隆明による。この点については、吉本の『大情況論』（弓立社　１９９２）を参照。

しかし、これを無限に続けていくとどうなるのか。これが、私たち人類の基本問題である。

１つ、人類は、「生産」を安定させ、あるいは低成長に止めて、自然と「共生」し、欲望を可能な限り少なくして生きていくという社会に作り変えてゆく。過小欲望、過小生産社会で、エピクロスの園＊がその極限型だ。２つ、欲望を

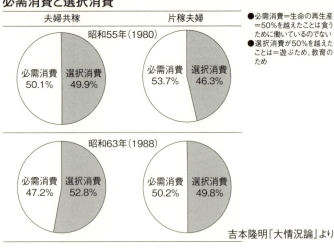

「過剰」にし、「生産」を過大にし、消費を過大にして生きていく。過剰消費、過剰生産社会で、現在その入り口に入っている、消費中心社会がその典型だ。この2つの選択肢のいずれを選ぶか？

だが、人間の「本性」(nature) に適合するのは、2以外にない。言葉をもち、生産を続けるかぎりはだ。問題は、過剰な欲望を野放図のままにしておいていいのか、どんなふうにコントロールすることができるのかで、これが倫理学の問題である。

＊エピクロス（前342／341～前271／270）がアテネに開いた学園で、「快は善である」を掲げ、すべての人（婦人や奴隷を含む）に門戸を開いた。彼は、「自然」が与える最小限の必需で生き、不要な欲望や惑乱、死の恐怖、宗教的救済等に支配されない、アタラクシア（心の平安）を求めた。

1.3.3 「倫理」の力

私たちには、「倫理」特有の力が必要になる。いいたいことは、3つだ。

❖――「未開社会」――低い物質的条件と「厳しい」掟――はじめに罰則ありき

1つは、「未開社会」。「未開」社会では、低い物質的な生活条件、私たちが1日に食べるカロリー量と、17人から20人の「未開」部族が一日に食べるカロリー量とはほぼ同じであるらしい。1人、100キロカロリーぐらいで、彼らは1日を過ごすのだ。

しかし、彼らの文化水準とか、精神的な生活とか、宗教的な儀式とか、倫理的な決まりとかは、じつに多種多様で複雑である。* 結婚するときには十くらいの儀式があって、一つずつクリアしないと成立しない。宗教的な世界、掟の世界、法律的な世界、それから個人的な約束の世界が入り混じって、倫理の世界を形成しているが、はじめに罰則ありき、で、罰則がなければ社会が保っていかない。だから、規則とか、倫理とかいうものが表面に出てきて、おおっぴらに闊歩する社会は、人類にとって、未開社会なのである。モーゼの十戒、のような規則が、社会集団をコントロールする力になるのである。

＊「未開社会」は、停滞しているが、考えられているように、非文明的な社会ではないことを、フィールド・ワークをもとに主張したのは、人類学のレヴィ＝ストロース『悲しき南回帰線』（1955）講談社学術文庫）である。西欧＝文明、非西欧＝未開という偏見に満ちた図式を打ち破った記念碑的作品だ。

❖——江戸時代——商品経済と封建政治——儒教道徳

2つめは、江戸時代。* この社会は、商品経済と封建的な政治（武士が権力を握る一円支配）という、両立しにくいものが併存している世界である。武士は、支配権を握って偉そうにしていたけれど、経済力をもたない。商人や富農は、いつ財産を没収されるかわからないけれど、金はあり余るほどある。たとえば、紀伊國屋文左衛門である。紀州から、江戸に木材やみかんを運んで巨万の富を築いた。彼は、いつ自分が、武断政治によって潰されるかわからないから、儲けたお金をぜんぶ、飲めや歌えやで使った（といわれる）。

経済と政治が極端に分離している社会の典型は、儒教道徳の社会だ。本音と建前がちがう。つまり、社会で通用している倫理と、自分たちの日常生活のなかで通用している倫理がちがう。たとえば、「武士は食わねど高楊枝」とか、「背に腹はかえられない」というように、二重構造の倫理だ。ダブルスタンダード、倫理の基準が2つあるということだ。もっとも、儒教道徳に限らず、倫理は、社会構造が重層なのにもとづいて、単純明快な一重性ではない。

＊江戸時代をトータルに、イメージ深く知るための、的確で簡便な書物は、大石慎三郎『江戸時代』（中公新書　1977）である。従来の、江戸＝封建社会＝暗黒時代というような、教科書的な歴史感が、覆される。

❖——資本主義——個人主義の肯定とデモクラシー

3つめの資本主義社会になると、個人主義、デモクラシーだ。個人主義（＝エゴイズム）とは、私の生命力、私の欲望を無条件に肯定する倫理である。18世紀に成立したこの言葉は、アダム・スミスの基本概念で、キイワードは相対立するように受け取られてきたselfishness（自己愛）とsympathy（共感）だ。*

＊スミスの道徳の原理は『道徳感情理論』（1759）筑摩書房）で展開される。経済学の著『国富論』（1776）でも貫かれている。

人間は、自分の生命と財産を、自分で処分する自由な権利をもっている。基本的人権*である。基本的人権とは、個人の生命と財産は誰も、国家でさえ侵してはならない。したがって、自分がもっている生命と財産を、どこまでも拡大していこうとする衝動力を、おたがいに認め合おう。そして、また、他人が自分と同じようにする（考え行動する）ことも認めよう、というものだ。自分が他人にやって欲しくないことを、自分も他人にやらない。これが、sympathyの根柢にあるものだ。

＊大事なことは、「基本的人権」を、あまり、理念的に、高いところへ祭り上げるような仕方で、受け取らないことだ。基本は、エゴの権利なのだから。

アダム・スミスはいう。自分の胸に手をあてて考えてごらん。そのことが他人にとって嫌なことは、同時に自分にとっても嫌なことなのだ。だから、自分の嫌なことを他人に強制してはいけない。そういう心を読み取る力が、sympathy の心である、と。

人間は、無制限に自分の生命力を発現してもいいが、それは他人（他の人間、ひいてはすべての人間）もそうするわけだから、そこに共通なもの、つまり倫理が存在するのだ。倫理は、エゴイズムとエゴイズムの調整者であり、資本主義社会の倫理なのだ。エゴイズム、つまりはデモクラシーの倫理である。デモクラシーの意味は、エゴな大衆（多数者）支配ということで、多数者の意見で決める調整者、ということだ。

したがって、資本主義は、はじめて人間の「過剰」な生命力を認めたうえで、その「過剰」な生命力を諸個人が無制限に発揮していくと、社会はとんでもない混乱と対立に向かうから、お互いに、自分が嫌なことは他人にも求めない、という調整者としての倫理を、社会的にも個人的にも決めよう、とする。これが、近代社会の基本的な倫理である。倫理は、お題目とか、あらかじめ決まって存在するものではなくて、人と人との関係の中で生まれてくるもの、に変化して来た。

人間の生命力、あるいは、人間はなぜ倫理を必要とするのか、というのは、じつは、人間の生命力の無限の発展ということを肯定したうえで、はじめて人々は、自分自身の力で、自分たちの社会を調整し、コントロールしていこうという力を発揮する地点にまで到達したのだといえるのだ。

2 資本主義の生命力、あるいは、資本主義はなぜ倫理を必要とするのか

人間の生命力は、「過剰」である。自然は、食物連鎖といったり、棲み分けといったり、共生といったりするが、生物世界、あるいは、植物世界、あるいは動物世界は、「過剰」な生産とか、「過剰」な欲望とかはないのであって、自然に与えられたものを消費していくだけだ。したがって、ある生物が特殊に増えて、自然の生態系が壊れるくらい食べ（浸食）てしまうと、その生物は、自分の足を食べてしまうタコと同じように、死滅へむかわざるをえない。これが、自然界の法則である。

ところが、人間だけは、「過剰」に欲望し、「過剰」に生産し、そして「過剰」に消費してしまうということをやり続けてきた。そのことの是非とはかかわりなく、人間は、自然界の拘束とか、摂理から「逸脱」してしまった生物である、ということをおさえておく必要がある。

昨年、ある会合で議論したときに、「過剰」な生産とか、「過剰」な欲望とかを、人間は本来的

にもっているんだ、それが人間の生命力だ、というお前の考えは「性悪説」だ、と批判されたことがあった。しかし、人間の生命力が「過剰」であることは、性善であるか、性悪であるかにまったく関係ないことだ。* 人間は他の生物とちがって、自然界が連綿と行なってきた調和のとれたあり方を、破壊せざるをえない生き方をしてきた生物なのだ。しかもこれは後戻りはできない。

*カントは、「自然」はそれ自体としては、善でも悪でもない、「無記《ニュートラル》」である、といった。正しい。ただし、カントがいう「自然」とは、「人間の自然」ではない。「動物の自然」である。カントも、「人間の自然」は「悪」の根拠である、という。これは、立派な性悪説になる。これと対比するなら、私の生命の「過剰」論は、むしろ、性善説といえる。

私たちは、現実にないものを「言葉」、つまり「観念」でよびだして、「あるもの」を欲しい、と考え、「欲しい」と思ったことを、だいたい実現してしまう。これを、自然にないものを発見し発明するすばらしいことだとみるか、自然を冒瀆する悪魔の仕業とみるか、は別として、私は、人間の「過剰」な生命力といいたいのだ。あるいは、いおうとしている。

こういう人間の生き方に、幸か不幸か、資本主義という経済システムは、もっともぴったり合ったシステムなのだ。

2.1 資本主義は、人間の生命力にとって、最適システムである

資本主義というのは、この場合、近代資本主義である。近代資本主義は、無制限な消費欲求を実現する、最適の社会経済システムである。こういうことは、いまさら説明するまでもない、などという人がいる。しかし、そんなに簡単ではない。

どうも資本主義社会が本格展開するまでは、「過剰」な生命力の発展というか、発現を押し止める社会的な規制とか、タブーとか、倫理とか、儒教道徳とか、キリスト教道徳の禁欲ということが、大変重要なテーマだった。それと同じことが、世界中のすべての社会でいわれていた。

資本主義の展開によって、そういう禁制が取り払われて、いってみれば、裸のままの人間とはいわないけれど、それに近い人間が現れてきた。それが、部分的に現れたのがルネッサンス期*である。しかし、近代社会になって、はじめて資本主義が本格的に現れてくるのだ。

＊ルネッサンスとは、ギリシア文化の「復興」運動である。そして、そのスローガンは、「自然に帰れ！」であった。

私たちは、資本主義社会に生きている。つまり、生命力の「過剰」な発現ということを、肯定的に認める社会に生きている。一生懸命働いて、一生懸命富をためて、それを自分のために使って、幸せに生きるということは、別に社会的な非難をあびるわけではない。金丸信という、自民党の副総裁が、たくさん金を貯めて、それを金の延べ棒に変えようが、闇金庫に保管しようが、それは、もし彼が、政治家であって、その政治家の地位を利用して、ワイロを取ったり、建築会社から工事の差額金を取ったりなどしたのでなければ、あるいは、そういう「不法」な手段で金を集めたのでなければ、彼が金を貯めたこと、欲たかりなこと、ガリガリ亡者であることは、社会的になんら非難の対象にならないような社会に生きているのだ。

そういう社会のなかで生きているから、私たちは、現代社会で、あまり、倫理、社会で決めたこと、約束ごと、ルール、それから禁止条項というものに、無駄な神経を使わないでも生きられるようになった。つまり、かなり開放的に生きられるようになったのだ。

しかし、この場合に前提となる資本主義について、まず知っておいて欲しい。

2.1.1 資本主義とは何か

❖――日本は、資本主義？　社会主義？

資本主義社会に、私たちは生きている。資本主義と社会主義とが競争して、資本主義が勝った、なんていっているが、じゃあ、資本主義って何だ、社会主義って何だ。

かつて、おもしろい記事を読んだ。松山千春というフォークシンガーが、ある雑誌で、こんなことをいっていた。日本というのは、社会主義である。資本主義といっているが、社会主義である。マルクスとかレーニンとかが生きていたら、ああ、自分たちの理想は、日本で実現してしまったんだ、というだろう、と。

彼は、社会主義とか共産主義は大嫌いで、保守党寄りの人だけれども、こんなことをいっていたのだ。自分では反体制といっているが、資本主義に反対するわけではない人、そういう人が、じつは日本の資本主義というのは、社会主義に近いんだ、あるいは、社会主義なんだ、と感じているわけだ。

私は、もし松山が、このことを受け売りではなく、肌身で感じとったとしたら、さすがだ、実にいいカンをしている、と思ってしまった。

❖――マルクスは資本主義を定義できた。しかし、社会主義を定義できなかった。なぜ？

では、私たちは資本主義に生きているというけれど、資本主義とは何なのか。

・商品中心社会

・労働力商品社会
・大工業（機械工業）社会
この3つは、カール・マルクスという社会主義者が定義した、資本主義のキイ・ワードである。

どうして、資本主義を否定した社会主義者が定義した資本主義を、私たちが、資本主義の定義として使わなければならないのか。

たくさんの人が、資本主義を定義付けした。しかし、現代の資本主義をもっともじょうずに定義づけたのは、マルクスだったのだ。もっといえば、マルクスには、近代資本主義社会というものが、よくみえた。資本主義社会を実に冷静に、丹念に、正確に観察していた結果だ。

ところが、マルクスは、社会主義をみることができなかった。

社会主義、という社会は存在しなかったから、彼は、資本主義がもっているマイナスイメージを、ぜんぶ積み重ねて、それらとはまったく異質の、資本主義「でないもの」から、社会主義を創り上げようとしたのだ。

私も、小さいとき、母親からよく、隣の何ちゃんは、行儀がいい、その向かいの何ちゃんは英語が5である、その向かいの何ちゃんは背が高い、乱暴じゃない、優しい、お前は何でそんなに悪いんだ、といわれた。だから、私のほうも、隣の何君は、英語は5だけども算数は2だ、とか、向かいの何ちゃんは、親のいうことを聞くけども、裏では人の家のガラスを割って歩いているよ、とか反論した。

つまり、自分の子供なり他人なりを、マイナスイメージをぜんぶつけて、そういうふうな人間になっちゃいけない、というのはマイナス教育*である。あんがい、つまらないものだ。現在、あなた方は、そういう教育をあまりされないからいいけれど、私たちの時代は、大変なものだった。おまえは馬鹿だ、おまえは背が低い、おまえはデブだ。毎日毎日、自分の教師にいわれ、侮蔑され続けたまま、大人になって、こうなった。それとは違う教育が、いま効果を上げている。教育は、叱咤激励することも必要である。しかし、マイナスを数え上げても、プラスにはならない。転ばぬ先の杖の教育は、あまりたいした教育にはならないのだ。

＊マイナス教育ではなく、プラス教育を基軸において、若者たちとつきあえば、違った若者像が見えてくる。そんな若者論を、私が書いた。『若者論』（学研　１９９３）である。特に、母親たちに読んでもらいたい。

そういうマルクスだったから、社会主義については、漠然とした、つまり資本主義の「欠点」をもたない社会、というぐらいにしか考えなかったが、資本主義については、大雑把だが、非常に的確に考えた。

❖——資本主義は、商品中心社会である

マルクスが定義付けた3つの中心概念について、語ろう。

1つ、資本主義は、商品中心社会である。

商品中心社会とは、すべてのものが、マーケット（市場）を通して売られる、ということだ。物々交換ではない。自分が作ったものを、自分（たち）が食べる、自給自足制ではない。自分（たち）の作ったものを、マーケット（市場）に持っていって、それを売る。しかも、その売る物は、一物一価といって、あるところ（市場）で売られる特定の商品は、だれが売ろうと、同じ価格で売られる、というシステム（建前）が出来ている。同じ製品なら、どんなにそれを作るのに苦労しようがしまいが、同じ価格で売られる。これが、市場原理*だ。

＊資本主義的市場は、とてつもなく古い時代からあった。だから、資本主義（市場経済）と資本主義社会とは、区別しなければならない。ただし資本主義は人間（社会）にとてもよくフィットする永続するシステムなのだ。

すべての生産活動が、商品を生産し、商品を売買し、その儲け（差額）で社会が動いていく社会、これが、資本主義社会である。マルクスの言葉でいうと、社会の富の原基形態、もっとも基本的なものが、商品としてたち現れる、そういう社会が、資本主義社会のもっとも基本的な姿で

ある、ということである。つまりは商品中心社会だ。

❖──資本主義は、労働力が商品として流通する社会だ

2つ、たんに商品が市場にいきわたるだけでなく、とりわけ、労働力が、商品となる社会だ。労働力とは何か。人間である。このことは、肝に銘じて知っておいて欲しい。資本主義社会になってはじめて、人間は商品として売られることが、何の社会的な罪でもなければ、道徳的な悪でもない、と認められたのだ。あなた方も、大学になぜ来たのかといわれれば、ほとんどは就職するため、と答えるだろう。就職する、ということは、企業に勤めたり、公務員になったり、つまりは職を持つということだ。職を持つということは、自分の労働力を売って、その対価としてサラリーを貰うということである。つまり、積極的に自分を商品として売るのだ。

人間は、商品ではない。その通りだ。しかし、人間は自分たちを商品として売り買いすることによって、はじめて人間になったのだ。* つまり、誰であろうと、男であろうと女であろうと、爺さんであろうと婆さんであろうと、子供であろうと大人であろうと、誰でも自分を商品として売れば、それに対価が付く。これが、資本主義社会の原理で、労働力の商品化という。

＊奴隷社会は、「人間」を売り買いした。人間は、商品であった。しかし、その「人間」は、「奴隷」＝「物」

であって、自分を自由に売買することのできる「人間」ではなかった。自分の労働力を、自由に売り買いする社会、それが、資本主義社会なのだ。

商品にならない労働は、資本主義社会ではタダである。タダは、無駄である。家庭の主婦の労働は、どんなに辛くても、どんなに激しくても、どんなにやり切れなくても、それは商品ではないから、実質、タダの労働、子供がどんなに勉強しても、それはタダ、老人がどんなに趣味で植木を一生懸命やっても、タダである。したがって、こういう人たちは、資本主義社会において、商品にならない労働をしているので、ムダとみなされる。さらには、女、子供、老人、かれらを、社会のムダとみなす、これが資本主義の原則なのである。そんなこと、絶対に許せない、といってもそうなのだ。

しかし、女性（あるいは子どもや老人）が、ひとたび商品として労働市場に自分を売り込んで、給料を貰えば、彼女は女性ではなくて、人間になる。一人前として、扱われるのだ。つまり、すべての人間は、商品として売らなければ、あるいは、自分を商品として売った者だけが、人間として扱われる社会なのである。したがって、あなた方は、潜在的には、資本主義社会における人間だけれども、まだ商品になってないし、どんな商品価値があるかまだ分からないから、潜在的にそうであるにすぎない。つまり、シェークスピアが『ベニスの商人』で書いた、シャイロックという高利貸しの商人のとった行動が、とってもつまらない、あれはユダヤ人である、あれは金のガリガリ亡者である、という非難を浴びるが、そういう社会とは違う社会に、私たちは生きているということだ。

❖――資本主義は、大工業生産システムである

商品が市場の中でぜんぶ売られ、労働力が商品として売られるだけでなく、資本主義は、大工業制になって、はじめて資本主義社会なのだ。こうマルクスはいう。きわめて的確だ。この「大工業（industry）」という概念は、経済学部の学生なら、かならず習う。

資本主義社会までは、ハンドクラフトだった。手工業、あるいは、簡単な機械生産だった。人間の手の延長としての道具とか機械が、生産と労働の最大限度だった。人間の身体（手、足、体等）で、直接動かし、制御できる道具や機械である。だから、人間の身体運動が可能になる限界が、また道具や機械の限界であった。

ところが、大工業では、基本は自動機械＝オートメーションになる。

機械が人間の手から自立して、ドンドン発展していく。機械をドンドンドンドン改良し、ドンドンドンドン技術革新し、進化させていけば、生産がドンドンドンドン上がっていく。技術革新だ。こういう社会に、私たちは生きている。機械文明が発展すると、人間は機械の単なる歯車に

なって、人間性を失って、そして駄目になっていくんだ、という考えをうんと戯画化して描いたのが、チャールズ・チャプリンである。チャプリンの1930年代の映画（例えば「モダン・タイムス」1936）というのは、そういう映画だ。私は、完全に時代錯誤だと思う。芸術家を気取った人間の戯言だ、と思う。*

*もっとも、「芸術」（アート）と「技術」（テクノロジー）とは、あい入れないという考えに立てば、話は別だ。しかし、アートとテクノロジーは、どんどん高度化すれば、その境目はなくなる。アートがテクノロジーになり、テクノロジーがアートになる。

私たちは、機械文明を発展させることによって、ドンドン、自分たちが手で行なってきた非常にやっかいな仕事、熟練労働、つまない仕事、単純労働を機械に取り替えて、かなり快適な仕事に就くことが可能になった。これは、間違いない。日本では、1つ当たりの水田面積が小さくて、しかも水を使うから、機械化できない。しかも機械化するというのは、人間の手で稲を植えないし、人間が土を掘って（手ずから）、生物を活かした有機農法をやらないから駄目なんだ、というのは、私たちの小さいときに農業に携わっていた人たちみんなの意見だった。しかし、日本の農業は、大きな機械化は別として、世界で一番機械化されている、といっていいだろう。おばあちゃんでもおじいちゃんでも、トラクターでダアーッとやっている。トラクターでやらずに、自分の手でやったら、腰が曲がってしまう。水の中に入って、ヒルに吸われる。じつに厳しい労働だ（った）。もう、そんなことを強いられない社会になったのだ。

このように、機械化というのは、単純なことから複雑なことまでを含めて、人間が自分の体を使って、あるいは、動物を使って直接、制作し、耕してきたことを、機械が取り替わることだ。しかもそれは、大量生産、大量消費を可能にした。

大量生産、大量消費は、日本では、１９６０年代*までは、「悪かろう安かろう」が代名詞だった。粗悪品で安い。これが、大量生産であった。

＊当時、日本製の化繊ドレスが、定価１ドルで外国市場を飛び回り、悪かろう安かろうの代名詞になった。１ドル＝３６０円という固定為替の結果でもあったが。

現在は、高品質で高均質、しかも高い性能をもったものが、機械製品の代名詞である。大量生産だ。ハンドクラフトというのは、そのほとんどは、機械・道具が粗悪品である。あるいは製品は粗悪品が多い。しかし、数が少ないから、貴重で高い。特殊例外を除いて、マズかろう高かろう、がハンドクラフトの代名詞だ。消費者は、製作者の「こころ」を買っているのだ。品質がよかろう安かろう、が機械製品、大工業製品である。そのもっとも代表的なものが、コンピュータ製品である。

ＩＣ回路が組み込まれた5㎜角チップの中に、かつてならビル大のコンピュータ装置が入る性能をもつものが、ぜんぶ埋め込まれている。これをすべて人間の手で作ろうとしても、無理だ。これが可能になったのは、精密機械工業のおかげだ。つまり、極精密製品の生産を含めた大工業の進化によって、私たちは大量生産し、大量消費し、限りなく自分たちの欲望を実現していくことを可能にする社会をつくってきたのである。*

＊ＮＨＫが、１９９１年、特番で放送した「電子立国日本の自叙伝」は、同じ題名で単行本化され、全4巻、日本放送協会から出版された。コンピュータ物語である。おもしろい。

資本主義は、欲望の機械だ、といったのは、ドゥルーズとガタリというフランスの脱構造主義者である2人の哲学者である。* まさしくそうなのだ。

＊ジル・ドゥルーズ／フェリックス・ガタリ『アンチ・オイディプス──資本主義と分裂病』（１９７２）市倉宏祐訳・河出書房新社）

機械化によって、どこまでも「無制限」な自分の欲望、「過剰」な欲望を実現していくために、生産し、消費する、というシステムが可能になった社会、これが資本主義＝後期《ポスト》資本主義である、と捉えて欲しい。そのことをもって、資本主義の悪だとか、とんでもない大変で奇形なものだとかいうのは、また別の問題である。コンピュータが発展しすぎて、それが人間をコントロールし、人間を抹殺していく、というような物語を、手塚治や宮崎駿の漫画で見たりするが、そういうのは、「羽目を外しちゃいけない」という一種の警告とみなしたほうがいい。

2.1.2　資本主義の特徴

❖――一切は、「利潤」のために

資本主義の特徴を、もう少しイメージ化していうと、こういえる。

資本主義の生産と消費を中心としたすべての活動は、何のために行なわれるのか、と考えるがいい。一切は、「利潤をあげるため」なのである。たんに製品を作るためだとか、いい商品を作るために、あるいは社会に貢献するために、生産者は生産しているのではない、商店は売っているのではない。それを作って、売って、利潤をあげるためである。あなた方が働くのも、給料を貰うためだ。十分に、ときに不十分でガマンすることはあっても、生活するだけの給料を貰えるのでなければ、あなた方は、早晩、その会社を辞めるだろう。

こういうように、自分の得になること、自分の利潤になるということが、資本主義の活動の最大理由なのだ。利潤がなければ、まったく意味がない。利潤第一主義の社会が、資本主義社会だ。こういう社会は、とっても冷たくて嫌だ、という人がいるかもしれない。しかし、そういうことを考慮に入れないで、私たちは生きることができない社会にいるのである。いい悪い、好き嫌いは別である。そして利潤第一主義の社会が、社会全体を豊かにする。アダム・スミスがいうように、重要なのはここにある。

❖自由競争原理

資本主義社会の利潤追求の仕方は、自由競争が原理である。自由競争が原理だということは、勝ち負けがあるということだ。競争いかんで淘汰される。「淘汰」というと聞こえはよくない。セレクション（選択）である。しかし、どう呼ぼうと、勝ち組と、負け組がはっきり決まる。はっきり決まるといっても、一時的なものだ。

あなた方は、受験競争をやってきた。「札幌大学というようなつまらない大学に入って、私はムッとしている、北大に行きたかったのに。競争なんかあるから嫌だ。」、なんていう人がいる。

しかし、上をみたらそうでも、「私なんか札幌大学に入りたかったけれど、何々大学に入ってムッとしている。札幌大学に入ったのは調子いいやつばっかりだ。」、という人もいる。競争社会というのは、一線に走っているのではなくて、多種多様な競技場の中で走っているのだ。だから、淘汰というのも、一方だけが負けて、一方だけが勝ち残るというわけでは必ずしもないけれど、勝負で決まる社会だ。それは、競争で決まる。勝った者が残る、これが原則である。したがって、残った者が最適者として勝ちを制するのである。「適者生存」、これは、ダーウィンの進化論、ないしはスペンサーの社会進化論にでてくる考え方だが、現代の私たちは、無意識に使っている。*

＊「自然淘汰」（自然選択 natural selection）と「適者生存」（survival of fittest）が、進化論のキイ・コンセプト。

私たちの社会は、学歴社会である。その中で、一流大学がある。東京大学、早稲田大学である。札幌大学は、まあ五流大学だろう。しかし、それは入るのが難しいか、難しくないか、というだけで、いい大学かどうか、とは別である。東京大学は、エリート大学ではない。ハーバード大学とか、フランスのエーコル・ノルマル・シューペリウール（高等学院）とか、というのとはぜんぜん違う。ケンブリッジやオックスフォードとも違う。東京大学や早稲田大学は、入るのは難しいけど、そこで行なわれている授業内容、そこで組まれているカリキュラム、試験制度、教師の質、校舎の具合などは、札幌大学と「そう」変わらない。学生の偏差値だけが、かなり違うだけだ。こういうのが、競争というものの内容である。だから、あまり大げさに考えないで欲しい。

しかし競争である。すべてのものが、競争で決まる。いちおう建前としてそうなのだ。長嶋監督*の息子は、昨日もピンチヒッターで出て、バットを出したらボールが当たってピッチャーゴロになって、それで終わり。あれで長嶋一茂は、ついに駄目になるのかな、と「同情」(憐憫)したが、これも自由競争の一つだ。温情や血縁、さらには、門閥で、勝負は(最終的に)決まらない、ということだ。

*93年、長嶋は、大歓呼に迎えられて、巨人軍の監督に復帰した。しかし、予想通り、3位を確保するのがやっとだった。選手は一流、監督三流だ。

❖生産のための生産

そして資本主義は、生産のための生産をする。ふつう、生産するのは、消費のためである、と思われてきた。

江戸時代、紀伊國屋文左衛門という人がいた。紀州の人だ。江戸で火事がひんぱんに起こった。だから、紀州の杉を江戸に持っていって売ると、大儲けできた。しかも、1カ月、日本海は大荒れに荒れて、一艘の船も通れない、というので、一か八かに賭けて、紀州の杉を江戸に運んだ。それで、1回の取引で数10万両という莫大なお金を儲けた。彼は、その儲けたお金を貯めて、次の企業活動に使うのかというとそうではない。「金は天下の回り物」だ、といって、半年ぐらい江戸で飲めや歌えや、とばかり使い切って、また戻って一からやり直した。これが、江戸時代の「大尽」である。尽きることがない、という意味である。尽きることがないほどみんな消費してしまう。「過剰」な消費だ。

＊この紀伊國屋の話は、実話とは、ほとんど似ていない、人情本や歌舞伎上演をもとに流布された、俗説である。しかし、かえって、それで、江戸時代の商活動一般のモデルになっている、といっていい。

資本主義社会は、そうでない。儲かったら、その儲けを消費（だけ）に使うのではない。金持ちが、自分の持っている金をぜんぶ使ったら、資本主義社会では、ただの貧乏人である。金持ちは、その金を次の仕事（ビジネス）に投資して、もっと大きな金を生む。生産《ビジネス》のため生産《ビジネス》である。したがって、どこまでも欲望を拡大するために、ドンドン生産を増やしていく、というシステムが、つまり拡大再生産が、資本主義のメカニズムなのだ。

2.1.3 資本主義は「過剰」な欲望・生産・消費を追求する社会

❖過剰生産・過当競争が、「進化」の原動力である

資本主義は、「過剰」な欲望・生産・消費を、もっぱら追求する社会である。

したがって、「過剰」な生産と過当競争は、じつは社会が「進化」する、社会が良くなる原動力なのだ。

そんなことはない。たくさん製品を作って売れなかったら、倒産する。倒産したら、その会社の人々は、労働者も、経営者も、企業主も、その周りにいる家族も、それから関連の下請けも、商店街も、みんな同じように倒産する。たしかに、そのとおりだ。

しかし倒産することは、競争に負けて、より安いコストで、より良い製品をうみだすことのできなかった「ツケ」である。潰れた会社の代わりに、よりコストの安い、よりエネルギーの少ないやり方で、よりよい製品を作る会社が進出してくる。つまり、新しい発展の芽がそこにできるのだ。*

*資本主義は、常に、設備の更新期に、「不況」に見まわれる。設備更新のサイクルを「景気循環」としてと

らえると、景気循環不況は、新しい設備投資、技術革新の契機である、ということがわかる。

いちばん象徴的なのは、戦後日本と西ドイツの発展である。

なぜ、戦後、日本とドイツが、驚異的な経済発展を成し遂げることができたのか。それは、日本とドイツの生産設備が、連合軍によって壊滅的に破壊されたからである。1からやり直さなければならなかったからだ。最初は規模は小さいが、まったく新しいシステムではじまった。はじめなければならなかったのだ。

いちばん象徴的だったのは、鉄鋼である。アメリカは、平炉といって、そのまま鉄を流す。日本のは、反射炉といって、熱効率がすごくいい。もちろん、規模の大きいアメリカと、最初のうちは競争にならなかった。だが、新しい生産システムではじめた日本は、ドンドンアメリカに追いつき、追い抜いた。アメリカは、国力を投じて反射炉を作り、日本に対抗するほどの費用を出しても、日本に勝てないと分かったとき、ついに、完全に鉄鋼プラントを作ることを断念した。日本の鉄鋼プラントを輸入し、高品質の鉄を作るようになった。* 世界の鉄のプラントは、ほとんど日本が作っている。これは、戦後、日本が技術的に遅れていたし、生産設備も劣っていたという段階にもかかわらず、新しい生産システムを作り上げることができたからである。古いものがなかったからである。アメリカは、古いものを取り替えて、それを破壊し、新しいものに作り変えるためには、古いものをぜんぶ止めるための費用と、新しいものを作るための費用を勘案して、なかなかできなかったのだ。これが「革新」の大変難しいところだ。

＊日本の鉄鋼プラントは世界を制覇した。しかし、同時に、日本の技術で加工された鉄鋼が日本へどんどん入ってくる。今や（１９９０年）、鉄鋼の輸出入のバランスは、イーコールになる傾向さえ見せている。

❖――死に時、取り替え時を、誤る

私も30代の頃までは、自分は天才だから、たぶん早く死ぬだろう、と思っていた。39歳になったとき、太宰治が死んでいるから、私も死ぬだろう、と思って死ななかった。45歳になって、三島由紀夫が死んでいる。あ、私も死ななきゃいけないのかな、と思ったけど、ぜんぜん死ななかった。49歳になったとき、夏目漱石が死んでいる。ああ、もう私も駄目かな、と思ったけどまったく元気だ。かつて私は、そんなに長生きしたくないなあ、と思っていたのに、最近では、ああ調子がいいなあ、もっと生きれるなあ、と図々しくなった。これが、人間である。変わり場所がなくなるのだ。私の母なんかは、60歳のときまで生きたら穀潰しだ、といったのに、今、75歳で、婦人会の活動をやって、まだお化けのようになってやっている。もうやめたら、というと、私がいなくなったら厚別（郷里）の婦人会はなくなる、なんていってやっている。ただのおんぶお化けである。

しかし、人間も、資本主義も、同じように、いつやめるか、いつ新しくするか、それを間違うと、取り返しがつかない。そんなケースは、日本にもたくさんある。大学は、まさしくそうだ。大学の建物は新しくなっても、制度は新しくなっていない。取り替えないと、大学なんか、産業としても、学問の府としても駄目になるだろう、と思える。

そういう取り替えがきかない事態に、アメリカが陥って、日本は、まったく新しいところからスタートした。つまり、潰れたがゆえに日本は発展し、潰れなかったがゆえにアメリカは衰退した、と確実にいえるのだ。逆にいうと、いま日本は調子がいいけれど、いずれ潰れるときがくるわけで、あなた方が私ぐらいの年になったときは、大変なことになっているだろう、と想像できる。

これが、資本主義である。いい、悪いではなくて、資本主義は、そういう競争の社会である。効率の悪いところは切り捨てていく。切り捨てていかざるをえない。淘汰されて無くなっていく。どんなに悲しくてもそうなのだ。心情的には別として、社会のメカニズムからいくと、丹頂鶴が滅ぼうが、トキが滅ぼうが、イタチが滅ぼうが、釧路の湿原がなくなろうが、たいしたことではない。*放って置けば、滅びるべくして滅びる。速いか、遅いか、である。ただ、人間（社会）に余裕ができたから、日本に余裕ができたから、保存しておけるようになったのだ。エチオピアで、ラムサール条約にのっとってこの湖を守れ、といっても、人間も生きられないのに何だ、ということになる。これが、日本の社会、あるいは世界の社会の常識である。そういう常識に、資本主義がうまくフィットするのだ。あざといし、気分が悪いけど、そうなのだ。

＊釧路の丹頂鶴をはじめ、日本各地で野鳥の保護が功を奏した。最大の理由は餌づけや狩猟禁止に成功したのだ。だが、30年もたてば、丹頂鶴をはじめ野鳥が、エゾシカをはじめとする野生動物が増えすぎ、糞害をはじめとする「公害」の因となっている。

2.2 資本主義と民主主義の結婚

❖――16世紀、日本は世界最強の軍事国家だった

資本主義は、裸のまま存在しているわけではない。資本主義は、たいへんうまいことに、17世紀の後半から18世紀に、民主主義に、偶然、出会ったのである。民主主義に出会った資本主義だけが、発展した。日本はどうだったか。

16世紀、日本ではもうすでに、資本主義、つまり、織田信長が政権を取ったときに、資本主義

の産業的な動きがダアッと出てきた。都市の形成と、「楽市」「楽座」とよばれた、自由マーケットだ。人間や物品が自由に行き交いができる陸海の交通・交易網。人間（労働力とりわけ傭兵）が金で買われ、商品が大量生産され、市場に出回る。手工業ながら武器をはじめとする産業化もはじまる。さらにこの時代、日本は、最強の軍事国家だったといえる。全国に１００万人の軍隊がいて、25万丁という高性能の鉄砲を持っており、しかも組織だった戦争ができる、というのは日本だけだった。だから、たしかに、豊臣秀吉の朝鮮征伐を、あんな無謀な海外侵出を試みるなんて、狂った（無駄で無能）、と批判することは可能だ。だが私からいうと、あんな有利な戦争を負けた豊臣秀吉とは、よほどの呑気者である。それくらい、日本は最強の国*だった。最強な国ということは、産業的な発展の基盤があったということでもある。鉄砲は鉄製品で、外国に依存しないで、日本で作ったものだ。鉄砲そのものはポルトガルからきたが、それをモデルに鉄砲を作ったのは、日本の鉄技術である。そういうことが16世紀の日本にあったのに、じつは、その後、日本では産業資本主義はあまり発展しなかった。なぜか。政治がデモクラシーでなく、領主が一円支配する封建社会だったからだ。大小の殿様（領主）が統治する、分立国家の集合であった。小さい村々、小さい町々、小さい藩々に分かれ、そこでおのおのがかなり自足的な商売をしていた。政治を担う武士は、世襲制のいわば公務員だった。そういう社会では、資本主義の産業化は難しかった。もっとも、西欧それも英仏蘭でだけ、資本主義が民主主義と結婚できたのだったが。

＊16〜17世紀、日本は、世界最大の金産出国であった。「黄金の国ジュパング」というマルコ・ポーロの記述は、「伝聞推定《またぎき》」で書かれたものだった。だが、けっして誇張されたものではなかったのだ。

2.2.1 民主主義は、資本主義にフィットネスである

❖民主主義は、欲望の自由を相互承認する政治システムである

あなた方も知っているように、民主主義はギリシアのアテネで発生した（といわれる）。プラトンは、紀元前5世紀〜4世紀の人だが、民主主義は大嫌いだった。＊理由は2つ。

1つは、アテネの民主主義が、アテネの国（シティ＝都市国家）を滅ぼしたことだ。軍事独裁のスパルタに戦争で負けたのだ。もう1つは、プラトンの先生であるソクラテスが、デモクラシーの裁判によって、多数決で負け、死刑になったことだ。個人的な理由と国家的な理由によって、プラトンは民主主義と闘った。

＊民主主義は、個人の欲望の無制限な自由（私的所有権＝私の生命と財産の不可侵）を承認するシステムで

ある、というプラトンの考え方は、民主主義憎さの「偏見」ではなく、民主主義がよって立つ原理を指摘している。

民主主義は、欲望の自由を相互承認するシステムである。みんな好き勝手をやる。他の国が攻めてきたら、他の国に迎合する。自分の国の情報を売って金儲けする奴もいる。こんな国は、滅んでも当たり前だ、というのがプラトンの考え方で、その批判はその通りなのだ。

わたしがやりたいことは、あなたがやりたいことでもある。だから、お互いに認め合いましょう。みんなで渡れば怖くない、と繰り返しいわれるが、それがデモクラシーなのだ。これが、「過剰」な生産とか、「過剰」な欲望を相互承認する資本主義に、うまくフィットしたのだ。しかも資本主義だけが、デモクラシー（民主制）にフィットしたのである。君主独裁制（例えば秦の始皇帝）とか、貴族制（例えば平安期）、あるいは、封建的な武家政治（例えば徳川期）にはフィットしなかった。

❖——大量生産・大量消費の「大量」と「大衆」は、同じ言葉である

大量生産・大量消費が、資本主義の大工業の原則である。大量、というのはマス（mass）である。mass society, mass production, mass communication 、みな mass がつく。「大衆」と同じ

意味である。デモクラシーのデモスというのも、「大衆」である。クラシーは、「支配」という意味だ。デモクラシーは、「大衆」＋「支配」という意味だ。

つまり、問題は、大量生産で大量消費な資本主義である。この大量を誰が買うのか、ということだ。「大衆」が買う。

１９６０年代まで、「大衆」とは、愚昧な人間、*愚かな人間という意味があった。砂に例えていえば、砂の一つ一つは無味乾燥である、相手と相互の関係がない。しかし、それも積もれば大きな砂山となる。しかし、一粒の砂には何の価値もない。ただ数だけでものをいわす。これを愚衆といった。愚かな衆が支配する。これが、60年代までの「大衆」にたいする概念（基本観）だった。ところが、「大衆」にたいする概念が変わる。

＊「大衆」を愚衆とみなしたのは、デモクラシーにアパシーを抱いた、ニーチェやオルテガばかりではない。マルクスやレーニンもそうだった。エリート（選良）の前衛が、愚昧な人民大衆を指導しなければ、社会主義建設は成り立ちゆかない、と考えたのだ。

現在の「大衆」は、高度産業社会のなかで、高度な生産と消費能力を身につけた、高学歴の持ち主である。そういう人々が大量に出ている社会を、私は、高度教育社会とよびたい。

日本の大多数の人々が、つまり半数近い人が大学にきて、その時代が要求する平均的な知識と技術以上のものを身につける。その知識・技術は、世界の平均（水準）からいうと抜群に高い、というのが日本の資本主義の現状だ。それが許される社会のなかの「大衆」の能力を、もう愚衆とはいえない。私の高校の先輩の西部邁*は、「大衆」は愚衆だ、といっている。が、あの人の偉いところは、自分も「大衆」だと思っているところだ。逆に、私が駄目なのは、「大衆」は素晴らしい、と思っているが、自分は「大衆」であると思っていないところだろう。

*西部邁『大衆への反逆』（文藝春秋　1983）。西部（1939〜）は、東大教授を「大衆」の原型だ、そんな者たちとは席を同じくできない、とみなし、東大教授の職を捨てた。

❖――「最大多数の、最大幸福」

民主主義は、「最大多数の、最大幸福」（ベンサム）が原則で、その手段（方法）は多数決だ。大部分の人間たちの利害に叶ったことが、もっともいいことなんだ、という社会が、デモクラシーの原理である。それがいいか、悪いかではない。大多数の人間たちがよい、ということが、それが社会にとってよいことである、ということだ。

その原理の上に立って、少数尊重がいわれる。少数尊重も、少数者の権利を最初から守るという見地からではなく、多数者たちの利害にとって、少数者を尊重しておいたほうが、反対や抵抗がなくてスムーズにいく、という便宜《コンビニ》（convenience）上のものだ。

したがって、選挙で、たとえどんな（腐敗）選挙でも、勝ったらいい。多数者の支持を獲得できた、ということが選挙の保証である。こういう社会が、いわば、デモクラシーの社会である。*

それと資本主義がフィットする、うまくいく。

＊こう見ると、デモクラシーというのは、とてもつまらなく見えるだろう。その通りだ。でも、どんなに凡庸でも、これ以上の支配システムはない、というのが私の考えだ。その多数決が誤っていれば、多数決で否決し、訂正可能だからだ。

2.2.2 民主主義の原理

❖——エゴイズム＝基本的人権

民主主義の原理を、もう少し掘りさげていえば、次の3つに凝縮できる。

まずエゴイズムである。自分勝手、個人主義、である。

1　エゴイズムというものを、否定的な言葉でいうと、利己主義と訳せるが、美しい言葉でいうと、基本的人権なのだ。基本的人権とエゴイズムは、同じで、メダル（medal）の裏表なのだ。誤解のないよう、繰り返していうが、基本的人権とは何か。
個人の生命と財産は、何人も侵してはならない。国家であろうと、他人であろうと、不可侵である、ということだ。自分の生命と財産は、自分のものだ、自分（だけ）が自由に処分できる。国家をはじめ、どんな力（power=権力）によっても、自分の命と財産は召し上げられない、ということだ。

したがって、この原理でいえば、カンボジアにボランティアで行った中田という青年は、国に命を捧げたなんていうのはおこがましいのであって、自分が好きで行って、自分で死んだのである。*別にどうってことでない。同情していいかもしれないが、人間が死んだから悲しいな、というくらいのことだ。お父さんが、「国のために頑張ったのだ」というのを、物好きだなあ、と思えばいい。それは、その人の勝手だが、それを多数の意思だと、人に要求した場合には、これは間違いだ。中田青年や中田さんのお父さんがどう思おうといいけれど、ちょっと変わった人たちだな、無理しているんじゃないかな、ちょっとキツネでもついたのかな、といってみたくなる。こういうと、大変な目に合うから、大声ではいいにくい。しかし、そういうもの言いが通用するのが、エゴイズムの社会なのだ。もう少しいうと、自分の家の横に焼却炉ができるのは反対だけれど、焼却炉は必要だ、というのがデモクラシーの社会であって、それ以外ではない。他の工場がつぶれるのはいいけれど、自分の工場がつぶれるのは嫌だ、困る、というのが競争原理がある社会だ。資本主義社会であり、民主主義がきわめてフィットする理由の一端が分かるだろう。

＊カンボジアへのPKO・PKF派遣に反対キャンペーンを張ったマスコミが、中田青年の死その他に哀悼の意を表したが、原理上は、おかしなことだ。遺憾の意なら分かるが。

❖――多数決

それから、多数決の原理だ。

数が多ければいい、というのはつまらない、という人がいるかもしれない。しかし、少数意見でも、無理が通るとしたら、かえって大変だ。数がまかり通る。これがベターなのだ。

個人個人がみんな、自分の好きなようにやりたい。でも収拾が付かなくなる。全体がどうするかを決めるには、一人一人が同等な「1票」を行使し、数で決めるのがいいのだ。ただし、この方式をみんなが認め合うということが、じつは、大変なのだ。

私の1票は、100票に通じる。お前の1票は、くだらないから0.00001、いやマイナス1票だ。こういう社会はちょっと困る。殿様《トップ》がぜんぶ決める社会、貴族が10票もっている社会、共産党の書記長が全部の票を持っている社会、ではなくて、みんなが1票もって、内容はどうであれ、多数決で決める、というルールがある社会は、世界でも本当に少ない。* 西ヨーロッパ、カナダ、アメリカ、日本、オーストラリア、ニュージーランドだけだ。他にない。他の国は、エゴイズムを原理とした多数決で、国の政治とか、人間の生き方が決まっていく社会からかなり遠いのではないだろうか。だから、デモクラシーというのは、稀なのだ。

＊デモクラシーにとって、自由秘密投票が命である。その結果を、投票以外の行為によって覆さない。これが存続の保証である。その意味で、結果いかんは別として、93年12月のロシアの選挙は、ロシアが普通の国になった印＝出発点である。わたしには、出発点に過ぎない、と思える。

❖大衆の自己統治＝国民主権

デモクラシーが難しいのは、エゴイズムとか多数決にあるのだけではない。本当に難しいのは、大衆の自己統治である。かっこいい言葉でいうと、国民主権である。これが実質的になるのは、とても難しい。そして、このことを知らないと、倫理はわからない。こう断じていいのだ。

一切を決定するのは、国民である。その決定を実施するのも国民である。同じ一つの人間である。そうすると、国民は、自分に都合の悪いことは決定しないし、したがって自分に都合の悪いことは実施しない。どんなにそれがいいことだ、と思っても、自分に都合が悪いから、決めないことができるのだ。

1993年、消費税は3％だ。税収が、5兆何千億円減になっている。しかも、国民多数の生活が苦しいから、減税の必要がある。補正予算で10何兆も特別予算を組んだ。これでまた赤字が増えていく。だから今、増税が必要だ。でも所得税は増税できない。残るのは、赤字国債か消費税のアップである。赤字国債は、いずれ、国民につけがゆく（だろう）。消費税を5％にする、6％にする、というふうに、今の政権がわあーと主張したら、どうなるか。それを最終的に決定するのは国民だから、増税を掲げて選挙に入ったら、確実（？）に負ける（だろう）。国民は税金を払わなければならないが、（その国民の一人である）わたしが払うのは嫌なのだ。* あなた方も、払ってごらん。1千万以上払った人が10万人いる。北海道には9千何100人。1千万以上税金を払ってごらん。所得税だけでこうだ。地方税を払ったらもっとすごい。倍ぐらいになる。

*アメリカ西部のある町で、市民税を取らない、という公約を掲げた候補者がでた。当然、当選した。しかし、水道は漏れ放題、道路はあなぽこだらけ、などということで、当然、長続きしなかった。次の選挙で、市民は、別な選択をしたのだ。

自分たちに都合の悪いことでも決定できるようになれば、これはたいしたものだ。やりたくないけれども、世界が要求する、社会が要求する、あの人たちが要求するから、私は自分の都合とは別の決定をしよう、ということを、嫌々ながらでも決めることができる人間が、正常な人間、成熟した人間である。

わたしは、カンボジアに行くのが好きで、人殺しをするのが好きでたまらないんだ。ああいう危険な所って、身震いするほど大好き、生きている実感が湧く、と言った女の人もいる。ちょっとこわい。放っとくと、危ない気がする。

そうでなくて、したくないことでもしなくちゃいけない、というのがデモクラシーのもう1つの顔なのだ。

自分の子供なんてどうなろうと、どうってことはない。たしかに、自分の子供なら可愛い、という人もいれば、自分の子供だから憎たらしい、こんな奴がいるから親（自分）は楽しく、豊かに生きられない、と思って子供を蹴っ飛ばして、追い出す人もいる。殺す人さえいるのだ。これもデモクラシーの表裏だ。

学校に行きたい、車が買いたい、と子供がいう。はいはいとお金を出すことも、出さないこともできる。でも、嫌でも出そうとする。世間体ではなくて、どうも、自分の（生んだ）子供だから仕方ない。嫌でも出してやる、出さざるをえない、となる。これが正常だ（と思える）。これが通るのが、まともなデモクラシー社会だ。しかし、これをうまくやっていくのが、大変難しい。相互承認を前提としても、他人のエゴを認めるのは、とても難しい。

2.2.3 資本主義も、民主主義も、自分の限界を常に越えてゆこうとする

❖――無制限な欲望の発動。数は「正義」だ

資本主義では、無制限にずっと自由競争で勝ち負けをやっていくと、べた勝ちする人と、べた負けする人がでる。

19世紀の社会に、なぜ社会主義とか共産主義*とかが出てきたのか。19世紀末の社会に、ごく一部の人間たち、つまり資本家《ブルジョア》たちだけがたくさん金を集め、ものすごい富を集中し、そして大多数の人間たちが、24時間働いても自分の生命を維持するのにやっとのものだけの賃金しか獲得できないような社会があったからだ。マルクスが「空想的社会主義」と断じた、ロバート・オーエン（1771～1858）がその代表者だ。

その時代に書かれた小説、たとえば推理小説*、シャーロック・ホームズなどを読むと、極端な貧富の差の実態が詳しく出てくる。ちょうど100年前のヴィクトリア女王の時代で、世紀末だ。

その時代、圧倒的多数の貧民、選挙権も人権も何もない人間と、一握りの旦那衆（富豪）たちだけが生きていた社会である。探偵ホームズは、旦那衆に雇われて、貧民*がいろんな形で旦那衆を襲撃するのを阻止する「犬」だ、ともいえるのだ。そういう意識で読むと、あの推理小説がまた別の意味でたいへんおもしろくなる。

*社会主義とか共産主義の主張は、紀元前からあった。プラトンは、マルクスより徹底した共産主義者だった、ということができる。なお、オーエンは「空想的社会主義者」ではなく、現実的社会主義（＝改良主義）であった。マルクスこそが、プラトンと同じように、ユートピア共産主義を信奉した。

*推理小説は、犯罪小説である。その犯罪が出てくる社会の病的な背景・風俗をうまく活写した名作が多い。

*「貧民」は、ロンドン市民、正常な人間とみなされていない。一種の「異物」（「異人」）であり、「危険物」（侵入者）あつかいされている。

しかし、こういう社会だと、多数貧民の憤怒がもちあがり、貧しい・非市民（人権を持たない）人間たちが共同して、少数の人間たちを襲い、ぶち殺す*、ということが実際起こる。あるいは、そうしなければならないんだ、というふうな主張が起こる。これが、社会主義を要望したもっとも素朴な形だ。

＊「共産主義者は、彼らの目的が、これまでのいっさいの社会秩序を暴力的に破壊することによってしか達成され得ないことを公然と宣言する。支配階級よ、共産主義革命の前に慄《おのの》くがいい。プロレタリアには、革命において鉄鎖のほかに失うものは何もない。彼らには獲得すべき全世界がある。万国のプロレタリア、団結せよ！」（マルクス、エンゲルス『共産主義者宣言』）の言葉を、同じ歴史文脈で読むべきだ。

民主主義は、前にいったように、「自分たちはしたくない」、だから、「いつまでも決めないでおこう」というのが建前だ。戦争が起こる。相手が攻めてくる。でも自分は戦いたくない。お前行け、お前行け、と押しあっているうちに、相手が攻めてきて、アテネという国は滅んだ。デモクラシーがアテネを滅ぼしたのだ。

こういうような、民主主義や資本主義がもっている矛盾、「無制限な欲望の発動」、「数は正義だ」にもとづいたり、あるいは、「人間1人の命は地球より重い」と逆にいったり、「べた勝ち、べた負け」を前提とするだけの社会は、自滅の危機をいつも秘めているのだ。

❖―――べた勝ち、べた負けを防ぐ調整機関

つまり、資本主義も民主主義も、人間にフィットするが、それ自身の中に、自分自身を滅ぼす

ような因子、矛盾要素をもっている。だから、それが滅ばない・むしろ成熟するように、一挙に崩壊しないだけでなく・むしろ対立を緩和するような調整機関・機能として、ルールとか、決まりとか、心がけとか、いわば私たちが「倫理」とよんでいるものを必要とする。それは、法律的な形をとるのか、習慣的な形をとるのか、私たちのものの考え方、生き方という人生観とかという形をとるのか、あるいは心の問題になるのか、美的な意識になるのか、は別として、特有な倫理を必要とする。

資本主義社会は、他の人間の社会がそうである以上に、倫理というものを必要とする。倫理、広くいえば、ルールだ。私たちは、べた勝ちを許さないこともその一つだ。札幌大学も東京大学も受験競争の渦中にいる。だが、札幌大学の学生は負け犬だ。一生、浮かばれない、などというのは間違っている。非難され、あるいは、殴られても仕方ない（だろう）。しかし、受験は「競争」である。あくまでも「負け」なのだ。ただし、競争は1回かぎりではない。就職するとき、札幌大学卒と東京大学卒の初任給は、ほとんど違いがない。平均値でいうと、ちょっと違うかもしれないという程度のものだ。フランスの超エリートの高等学院を卒業したら、だいたい月100万円以上、年間20万〜35万ドル貰うそうだ。フランス人の通常の初任給は、日本でいえば、10万円位である。10倍以上、最初からばーんと違っている。社会的身分も違う。一番すごいのは、行くバーが違う。会社の出入口が違う。違うところから出入するのだ。日本でもかつてはそんなところがあったが、いまは、みんな同じ所だ。給料も同じ水準で、ちょっと差をつける、というのが日本社会のルールだ。* だから日本の資本主義はうまくいっているのだ。

*日本以外のデモクラシーの国は、平等社会ではない。階級社会だ。この点で、日本は、純粋民主主義の社会である、といってもいいほどだ。競争はあるが、結果に差を（あまり）つけない。

最初から、社員の待遇に10倍も違いがあったら、まじめに働くだろうか。お前ら札幌大学なんてのは、顔もまずいし成績も悪いんだ、給料なんて10分の1でいいんだ、バカ野郎、といわれたら、どうなるか。バカ野郎、稼ぐか、と思うだろう。徹底的にさぼり、10分の1しか仕事をしないだろう。つまり日本はデモクラシー、平等・平均主義がかなりうまくいっているから、いい＝住みいい社会だといえる。安心してこその社会に住んでいることができる。高インフレで、知らないうちに預金や財産がすり減ってしまい、年をとったら100万円が1円に減価する社会に住んでいたら、どうしようもないだろう。

2.3 資本主義に最適な倫理

2.3.1 快＝幸福が、善＝目的である

❖──快＝幸福計算

こういう社会に最適な倫理は、幸福が、善である、快である、生きる目的である、ということだ。欲望を自由に実現できるという社会が、人間の生命力にとってもっともいい社会、つまり資本主義社会である。その社会の倫理というのも、第1原則は、「気持ちいいことはいいことだ。」(pleasure is best)、快楽主義だ。

快楽主義なんてとんでもない、という人がいる。

ジュリアナへ出入りして、パッパやっているのは頭がパアで、どこかの金持ちのアホ娘だろう、というが、ごくフツーの女（少女）もたくさんいる。あれが大金持ちの娘ばかりだったらたいへんだ（ろう）。そんなことはない。頭がパアかというと、そんなこともない。慶応や立教の学生がいたりする。彼女らを批判する人もいるが、阿波踊りとあまり変わらないのだ。ああいうことをやっている人たちが、ああいうことを一生涯やっているわけでもないし、25歳ぐらいになったら、お呼びでない（だろう）。お立ち台に立てなくなるわけだ。私たちは、ああいうのを見て、あはは、やってるね、アホちゃうか、という。しかし、ジジ、なにいってる、といわれて終わり

なのだ。

快楽が、幸福が善であるといっても、快や幸福が抽象＝お題目であっては、資本主義社会では駄目なのだ。つまり、資本主義社会では、幸福はリアルであり、計算*されるのだ。価格として位置づけられる。

＊「幸福計算」を主張したのは、「最大多数の最大幸福」のベンサム（1748〜1832）だ。功利主義のなかでも最も評判の悪い主張だが、事実は、私たちが「幸福計算」で生きているのだ。

結婚するのに、いくらかかりますか。持参金は、ダイヤモンドの指輪はどれぐらいですか？心の問題だ、ブリキだっていいんだ、といっても駄目、無駄だ。「ダイヤモンド3カラット、ン、2800万、ま、我慢しとくわ。」なんていわれたら、ぐっとくる、否、ケチな私なら、泣けてくる。しかし、そういう社会に生きているのだ。結婚するなら、3高、高身長・高学歴・高収入の男がいい。3K（きつい・汚い・危険）仕事は御免だ。これも、立派な「計算」だ。

私たちは、「幸福なんて計算できない」という。だが、どういおうと、「計算」しているのだ。大事なのは「愛よ」、なんていうが、結婚式を駅のベンチでし、そのあと2人でススキノで飲んで、祝杯をあげよう、なんていったら、一生、恨みに思われ、ひどい目にあう。こう、請け合っていい。幸福は、計算されるのだ。

❖幸福は計算できない

しかし、計算されるのが幸福の全体であるというと、間違える。計算されないものが幸福の実態（reality）だ、と思える社会がいいのだ。原始や古代社会だけでなく、未開社会や古い習慣が残っている社会では、幸福ははっきり計算される。馬1頭、牛1頭、豚何匹、それから宝石何箱持ってきたら、自分の娘をやりますよ、というのが通例で、結婚はバーター制なのだ。かなり形式的になったが、今でもやっている。若干、日本にも残っている。

しかし現代人は、計算できる財（＝goods）というものを土台にしながら、じつは、幸福というものは計算不能である、愛は神秘である、と考える。*これも同じように、資本主義の倫理である。ただし、あくまでも財を前提としてのことだ。それがない場合には、ノウ、といったほうがいい。とにかく「愛があるから結婚しよう」といって、すぐラブホテルに行く人は、ひどい目に会う。ひどい目に会わない人もたまにいるから、愛というのはただ心だけでいいのかな、と思う場合もあるが、財（収入）なしには、子供も生めない、家庭も築けない、共同生活を続けていけないのだ。

＊もっとも、「愛」という感情を「土台」にしながら、私たちは「幸福計算」する、ということを建前として生きている。この建前も、「倫理」だ。

❖――快楽主義の究極は、「心の平静」である

したがって快楽主義は、酒池肉林の世界ではない。フリーセックスの楽園ではない。その究極形では、エピクロス*が主張したように、「心の平静」である。

快楽主義の究極は、人間にとって最上の快楽は、心に何の苦痛もないということだ。もちろん体にも苦痛がない。苦痛があれば、心は平静ではいられない。心身ともに満足している状態だ。こういう状態のことを、エピクロスは「心の平静」――アタラクシアといった。アタラクシアとは、本当にいい意味の言葉で、響きのいい言葉でもある。

この「心の平静」は、一見すると、キリスト教の「禁欲」に似ている。だが欲望の充足を否定しているのではない。むしろ、仏陀の「解脱」（この世の束縛からの解放）に似ている、といったほうがいいだろう。

＊「快」の最高を「こころ」の状態に求めるのは、精神主義だ、という反論があるだろう。しかし、エピクロスの「心」は、「感情」（欲望）と切り離された、狭い意味での「精神」（＝「ゴースト」）ではない。

2.3.2 最大多数の最大幸福

❖機会均等=チャンスは平等

「最大多数の、最大幸福」が、いわばデモクラシーの原理である、といった。しかし、この「最大多数の、最大幸福」にも前提がある。

1つ。機会均等だ。チャンスは平等である。極端化すれば、平等なのは、スタートラインのときだけ、ということだ。もっとも、これも形式的なことで、スタートラインが無条件に同じなどというのは、ゲーム（フィクション）以外にはない。

しかし、機会均等を、ただの形式的なこと、「うそっぱち」とみなすのは、もっとつまらない思考だ。入り口で選別や制限をしない社会が、デモクラシーの基本なのだ。*

*そのデモクラシーの社会で、「機会均等」がもっとも行きわたっている社会が、この日本である。

❖弱者救済は、「余裕」のある社会でしか可能ではない

チャンスは平等、という原理には、結果は不平等である、という命題が含まれている。

結果の不平等を大きくすると、難しいことになるから、私たちは結果の不平等をなるべく小さくしようとする。小さくする1つに、「弱者救済」がある。弱者、負けた人たち、はじき出された人たちの救済をするのだ。しかし、これは「余裕」のある社会でしか可能でない。子供を、老人を、そして主婦を大事にする。つまり、働いて自分が「商品」にならない人たちを大切にできる社会というのは、世界中でも稀な社会だ。ぜんぶが働いて、自分のため、家族のために一生懸命やらなければ、あるいはやっても、楽に暮らしていけない社会が、世界の大多数の国なのだ。

こういうことを知っておいて欲しい。

❖――多数者＝もっとも厚い層の利益を優先する

だが「最大多数の、最大幸福」でいちばん大事なのは、社会は、もっとも厚い層の利益を優先するということだ。多数者が第一の対象となる、多数者・ファーストの社会である。

なぜ日本の社会がまとまりがないようで、他の国と比較すると、政治・経済・治安・教育等々がうまくいっているのか。アメリカに較べると、アメリカはエリート、つまり能力の本当に高い人にとっては住みやすい社会だ。能力を発揮しない、つまり何もしたくない人にとっても、（死なない程度に）勝手に生きられる社会だ。犯罪社会でもある。*

しかし、大多数の人々は宙ぶらりんである。どこにも行けない。上もない、下もない。だから、フラストレーションがたまる。何かあると爆発する。日本だと、政治も、経済も、文化もみんな、もっとも層の厚い、大衆を前提におこなっており、最多層に居場所がある。

＊なぜ犯罪が絶えないか。遺憾だが、犯罪が儲かる（ペイする）からだ。しかも、簡単に、手っとり早くモウカル「商売」として、犯罪は、十分に引きあうのだ。もちろん、どんな「商売」にもドジはある。破産はある。犯罪者は塀の中に落ちる。

たとえば教育だ。

今、日本の大学教育は、内容上からいえば、まさしく札幌大学が平準モデルであるといってもいい。日本の大学水準は、他国とくらべて、特別高いわけではない。しかし、札幌大学程度が平均モデルになって、日本の高等教育が運用されているから、うまくいっているといえる。

東京大学がモデルになっているわけでない。東京大学は、すごく予算が大きく、すごく先生が優遇され、学生が優遇されている大学、というわけではない。総じて、古く汚い大学で、教師の給与は私たちより低い（?）。社会的地位は、少し高いかもしれないが、金がないから、どこの社会にも自由に出入りできない。そういう大学は、本来の役割を担うような予算も人間も設備も、与えられていないのだ。＊

つまり日本の大学は、もっとも厚い層を一番大切にしているのだ。政治も同じである。自由民主党がどんなにつまらない政党であっても、その政党が議会で多数を占め、長期にわたって政権を握っているのは、国民の大多数の利害をある程度（以上）実現してきたからだ。それから較べると社会党（その後継の民進党）は、国民の4分の1、5分の1程度の利害しか代表していない。特に若い人の利害を代表していない。*

*東大、京大は差別されている、といったら驚くかもしれない。しかし、実情はそうだった。それが、少し変わろうとしている。東大や京大は、入るのが難しい大学だが、エリート大学の扱いを受けていない。

*だから、社会党に存在理由がない、というわけではない。不満分子、「弱者」（少数者）救済を代弁する党だからだ。

しかし、考えてみると、こういう社会というのは、結構いい社会である。デモクラシーの社会である。べた勝ちのない社会である。したがって、摩擦がない、嫉妬がない。あなた方も、生き方の中で、自分がどういうふうな生き方をするのかといろいろ迷っても、別に他人に強制されたり、こんなふうな生き方でいけ、国の外に行って戦争せい、そういうものをしなければ若者でない、というのがない。（アメリカにはよくあるのだ。）そういう社会というのは、まずまずいい社会だと思ったほうがいい。

2.3.3 生産＝労働が、人間の本質である

❖高い生産性＝省エネ・省力

しかし、欲望の自由とデモクラシーだけでは、資本主義社会はやっていけない。重要なのは、生産とか労働が人間の本質である、とみなされることだ。生産とか労働が、大切にされる社会である。

私たちが今、「過剰」な欲望とか、「過剰」な生産とか、「過剰」な消費とかいう社会の場合、主としてイメージするのは、生産をしない、あるいは労働を回避する、浪費社会である。ところが、そうではないのだ。猛烈に働いて、猛烈に遊ぶ。集中的に働いて、たくさん遊ぶ。生産・労働・消費が、ともに過剰な社会で、すでに日本で実現している社会なのだ。*

*今の若者は、勉強しない。働かない。遊び、浪費先行だ。こういういい方をする人がいる。しかし、事実に合わない。私たち（1940~50年生まれ）世代で、猛烈に勉強するした人は稀であった。働くことは、強制で、当然、手抜きが多かった。浪費は許されず、「害」悪だった。

❖──優秀な労働力＝教育と勤労意欲

高い生産性、より少ないコストでより大きな利潤をあげるためには、省エネと省力化を実現しなければならない。それに日本の労働人口は減少している。つまり、売手市場なのだ。

あなた方の場合、不況に当たったたから大変かもしれない。それでも選ばなければ１００％以上就職できるのだ。しかも、高等教育が発達し、勤労意欲があるから、優秀な労働力をもっている。あなた方若い人のなかには、一見、へらへら遊んでいるだけの子がたくさんいるだろう。私たちのときもそうだった。しかし、そういう子たちが、就職しても相変わらずへらへらしているかというと、働くときは働くし、会社が終われば猛烈に遊ぶ。

高い教育と勤労意欲があるのは、優秀な労働・生産力のある社会だ。しかも日本は、もっとも厚い層の労働力が高いのだ。すごくレベルの高い層は、アメリカやイギリスのほうがずっと高いだろうが、全体のレベル（平均値）でいうと日本のほうがうんと高い。どちらがいいか、というよりも、どちらが資本主義により適切かというと、日本のほうが適切だといえる。正確には、いた、というべきだろう。このままでは済まない局面、消費中心社会がすでに始まっているからだ。

❖──格差の小さな社会＝デモクラシー

最後に、格差の小さな社会、つまりデモクラシーである。嫉妬の少ない社会だ。私たちの時代は、大部分が貧しかった。格差は大きかったが、大部分が貧しかった。現代は、大部分が「余裕」をもって生きることができる。失業したら餓死する、という人はいない。私の友達にも、3人自殺した人がいる。* 3人は、中学の同期だ。借金で、暮らせなく、一家で夜逃げした同期も、2人いた。

夜逃げというのは、夜、引っ越しをするのだ。ただ、周囲は、知っていても、見ない振りをする。借金取りには行かない。生まれ育ったところから、忽然と姿を消す。こういうのが私たちの育ってきた社会で、全体の生活レベルはうんと低かった。で、平等だった。だが現在は、かなりレベルが上がっていて、しかも格差が少ない。こういう社会は、いい社会、生きやすい社会だ。*

*私の田舎で、100人余りの中学同期生のなかで、高校までに3人自殺した。3人ともかなり衝撃だった。理由は、それぞれ別だった、といわれている。

*もっとも、生きやすいから、不満もなく、死にたい理由もない社会か、というと、そうではない。逆に、ちょっとした「理由」で、フッと自殺を選ぶケースが増えている。ちょっとした「格差」にたえられなくて、「鬱」になる。

しかし確実に、日本も、世界的にも、格差が大きくなる方向に動いている。どうしてか、ということについては後に話すが、ことは大変難しい。ざっくりいえば、恐竜が滅びたように、簡単に方向転換できなくなるからだ。

といっても、倫理とか、道徳とかというお題目をそれほど唱える必要がないくらい、いわば資本主義や民主主義の欠点をうまく調整していくような機能が、現在のところ、日本ではまだ働いていることだ。なぜ日本に働いているのか、あるいは例外的なのか、ということを、次に日本というものを前提にして考えてみたい。

3 日本資本主義の生命力、あるいは、日本資本主義の倫理

❖歴史の蓄積物としてのモラル

本書の基本主題は、人間の生命力と倫理の関わり、いかんである。

生命力とは、自然の力である。しかし、人間の生命力は、自然を超える。なぜか？　コトバをもったからだ。コトバは、いま・ここにないもの、いまだかつて・どこにもなかったものを喚起する（call）力だ。創造力の真の源泉だ。「現実」を超える力だ。だから「逸脱」「過剰」をやってのける。

この「過剰」な生命力をもつということに、人間の特質がある。そういう「過剰」な生命力を、より発展させるメカニズムとして、資本主義という形がもっとも適合的であったし、現在もそうだ。つまり、資本主義が人間の生命力の「過剰」を受け入れる、もっとも有効な社会システムなのだ。

さらに資本主義は、デモクラシーと結婚することで、その発展を倍加する政治・経済形式を獲得した。これが、2章までの話であった。

3章は、日本資本主義の生命力、あるいは、日本資本主義の倫理という題で話そう。話は少しこみいって、歴史とか政治に関する具体的な問題（知識）が入ってくる。

最初に、いおうとすることを要約すれば、こうだ。

私たちがもっているモラル（道徳観）、あるいは習慣の力、あるいは、良心とか正義という形でいわれているさまざまな規則や法律、ルール、というものは、単に現代社会にだけ通用するものではない。長い歴史の蓄積の上に築かれたものだ。その大部分は無意識として、私たちの身についてしまっている。＊そう考えなければ、なぜ日本人はご飯を食べるときに、箸を右手にもって左手に茶碗を持つのか、なぜ西欧人は右手にフォークを持って左手にナイフをもって食事をとるのか、は説明できない。そういう文化の形とか、人間の考え方とか、行動の仕方の違いというものは、歴史的な蓄積物なのである。

しかし、歴史的な蓄積物ということをあまり大げさに考えると、日本に固有なものとか、ヨーロッパに固有なものとかいって、両者をまったく関連のないものとして区別・分離してしまい、逆に、わけが分からなくなる。箸を使おうが、フォークを用いようが、食事の道具という点では同じである。

＊「現代の倫理」などといっても、膨大な歴史的蓄積物という無意識に支えられた、たんなる「表層」部分にしかすぎない、ということができる。「過去の倫理」は、だから、すでに消失した倫理だけではなく、無意識として沈滞してある倫理のことでもあるのだ。

3.1 日本資本主義は、西欧資本主義と、平行的発展をした

世界で資本主義がまともに展開・発展したのは、西欧諸国とアメリカ、カナダ、オーストラリア、ニュージーランド、それに日本という、ごく限られた国でしかなかった。わたしの考え方によれば、人間の生命力は、「過剰」であることが最適状態である。その「過剰」な生命力を容れる最適システムが、資本主義だ。したがって、人間の生命力をもっとも自由に発展させるにふさわしい社会というのは、西欧社会と日本社会というこの二つの形の社会にしか、つい最近までは、歴史的に存在していないのだ。

ところで、日本は、東アジアの一角に位置している、極めて特殊に歴史的な発展をした国である。つねに中国大陸、ならびに、朝鮮半島をはじめとして、東アジアの歴史的な影響を圧倒的に

受けてきた。しかし、資本主義という点では、ヨーロッパと平行過程、同じような発展過程をたどってきた、といわなければならない。

3.1.1 東アジアと異質な社会、日本

❖——16世紀日本は、世界最強の軍事国家

日本は、地理的にいっても東南アジアの一員である。歴史的な、文化的な見地からいっても、中国大陸とか朝鮮半島を通じて日本の主要な文化が伝わってきたというのは、間違いないことである。ところがある時期から、日本は、中国大陸ないしは東アジア諸国とは違う社会発展のコースを歩みだしたのである。そしてまた日本人も、自分をアジアの一員だと思うよりは、ヨーロッパの一員である、と考えるスタイルを身につけたのである。これは何も、明治維新の文明開化以降、ないしは戦後のアメリカ文化が入ってきた後から生じたのではない。

意識する、しないにかかわらず、だいたい15世紀から16世紀に、いわばヨーロッパの資本主義の発展が始まるのと時を同じくして、日本の資本主義も始まる。*

＊1549年、スペインのザビエルが日本に上陸した。それで、世界が1本の線でつながった。ここで、西

欧資本主義が日本にもたらされたともいえる。しかし、西欧資本主義が、日本資本主義に出会った、といってもよいのだ。

16世紀日本というのを、ちょっと思い起こして欲しい。「戦国時代」の末期である。その、室町時代に、何に遭遇するかというと、ヨーロッパ文化にだ。ポルトガルやイスパニアから、キリスト教を携えて日本にやって来た人々だ。この人々が日本に来て一番驚いたのは何か。日本の治安や礼儀がとてもいいことであった。次いで、日本人の知的な、文化的な程度が、きわめて高いということだ。そのうえ、日本の政治家たちも、政治意識、とりわけ統治能力とかがきわめて高いことに驚いた。つまり、フィリピンとか、インドとか、カンボジアとかいう国を経過して、ポルトガル人やイスパニア人たちが日本にやって来たわけだが、それら東南アジア諸国とは、ものすごく違う、という感じをまず最初に受けた。いわばカルチャー・ショックだ。

16世紀末、日本は、世界最強の軍事国家であった。1543年、2丁の鉄砲が種子島に渡った（といわれる）。日本人は、それをモデルにして、日本独特の鉄砲を造った。鉄砲を造るのに必要なのは、鉄生産である。火薬である。そして、それを可能にするような産業の発展、富の蓄積、それに職人の技術力（とりわけ知力）と組織力である。そういうものが前提になければ、軍事的な大国にはなれない。

日本の正規の軍人は、16世紀、すでに100万以上だといわれた。イギリスを含め、ヨーロッパ諸国は、数100人、ないしは多くて数千人の正規軍がいたにすぎなかったのだ。その時代、日本に100万くらいもの正規軍がいたというのは、とんでもない話である。武士は生産しないから、その武士を食べさすだけの生産力の発展が、日本にあったということだ。織田信長が政権を取って開いた楽市楽座は、自由市場経済の原理導入を意味する。つまり日本は、16世紀には、ヨーロッパの仕組みからもちろんヒントは得たけれど、資本主義の日本的な発展の基礎というものを、すでに築いていたのだ。*

＊通常、『日本資本主義発達史』をはじめて出したのは、野呂栄太郎（鉄塔書院　1930）であるかのごとく伝播されてきた。だが、明々白々な間違いで、高橋亀吉（日本評論社　1928）が最初だ。その高橋は、日本資本主義発達の内部要因を、徳川期に求める。貴重だ。さらに、それ以前に求める当然の理由がある。資本主義は、いわゆる［近代］（現代）の産物ではない。人類史（＝人間社会の歴史）は、資本主義とともにある、というのが正しい（のではないだろうか）。

❖――封建制をもった社会のみが、近代化を成し遂げることが出来た

1600年、関ヶ原の合戦で、西軍＝豊臣方が敗れなかったなら、日本の政治的な近代化、デ

モクラシーの発展というのはもっと急激だっただろう。けれども、江戸時代というもう1つの「封建時代」に突入した。中央政権（徳川幕府）と諸分国（州 =states）は、諸国分立（分国制 = 封建制）の集結体で、織田・豊臣政権の完成体といっていい。

しかし、ここできわめて重要なのは、封建社会、「封建」（分国制）という政治制度をもった社会だけが、近代資本主義社会に転化できたということだ。*

*封建制の存在が、近代化の前提である、という大胆な見解を発表したのは、梅棹忠夫である。ただしこの卓見は、世界でも日本でも黙殺され続けた。『文明の生態史観』（中公文庫）参照。

封建制というと、私たちは、家父長制とか、血のつながりとか、地縁とか、身分制とかいうものでがっちり固められた、古臭い、発展のない社会のようにイメージする。それは、ある意味で、間違いではないが、根本のところで、間違っている。

厳密な意味で封建社会が世界に存在したのは、西ヨーロッパ、つまり、フランス、イタリア、ドイツ、オーストリア帝国、プロシア、イギリス、それに東アジアの日本という、本当にごく少数の国だけだった。中国も封建制*だったことがある。しかし、中国の封建制は、領土の名目上の君主、あるいは領主がいて、何かしら統治しているような形態をさしていうのだ。本当に統治しているのは誰か、は曖昧だ。君主や領主はいる。だが、彼らが全体的にその地方を統治している、ということはない。皇帝とその直属の部下が租税を徴収し、それを支払うのは、地域官（領主＝地主）で、君主や領主が変わっても、戦争あるなしにかかわらず、農民や住民たちに、別に変わるところはなかった。

＊中国の封建制は、いってみれば、貴族（中央官吏＝国司）や荘園領主支配のようなもので、貴族（土佐守）や領主は、実質支配・経営は行なわなかった。

ヨーロッパの封建制も、日本の封建制も「領有・一円支配」であった。

たとえば日本の封建制は、江戸時代、大名（1万石以上）だけでも360藩あった。藩とは「完全」自治権をもつ「国」（state）で、首都があり、藩主＝元首がいる。別に、総理大臣（筆頭家老）がいて、内閣（家老・中老・奉行等）があって、政治・経済、司法・警察・軍事等を、社会全体を統合していた。しかも、すべての藩に学問所（大学）があり、教育機関があり、生産工場があり、というように自主独立経営だ。360諸藩、その大小さまざまな区域のなかに、ぜんぶ細胞単位のように、自立する生命力を持った社会組織があった。これは、非常に高い、凝縮したエネルギー体だ。そういうものが、江戸時代、300年ぐらいにわたってぎゅっと煮詰められてきた。過半は凝固したままだったが、幕末に、突出した一部が暴発した。

たとえば、日本の各地に、必ず学者がいる。九州の中央の日田（幕府直轄地）というところに、広瀬淡窓*という人がいる。日田という所は、現在、地図で捜してもちょっと捜せないほどの田舎だ。ところが、要路の中心地で、淡窓という1人の学者の元に、門人が3千人もいた。つまり、その小さな町に、日本各地から、藩から選抜されて勉学にやってくる。これは、大坂の適塾という、緒方洪庵が開いたいわば私立の蘭医学校も同じだ。藩は、公立の藩校をもつ。さらにさまざまな私塾が、寺子屋がある。経済も、文化も、政治も、あらゆるものが1つのなかで、非常に凝縮されている社会が、各地に散らばっている。これが封建社会なのだ。

＊広瀬淡窓の私塾は、咸宜園《かんぎえん》。彼は、1856年に没するまで、日田の町を一歩もでなかった。弟子には、高野長英や大村益次郎もいた。二人とも医者になった。

そのかわり、この藩の外に出るのは、公許がなければ、脱藩つまり自分の戸籍を捨て、亡命しなければ、不可能だった。坂本龍馬は脱藩、新島襄*は脱国している。ともに捕まれば処刑もありえた。

＊新島襄の国内脱出＝密航を助けたのが、脱藩し、とうじ函館に流れ着いた龍馬の血族（従兄弟）山本数馬で、のちの沢辺琢磨（ハリストス正教の日本人第一号信者で、最初の）司教であった。

こういう分立した閉鎖社会の塀（＝弊）がとっぱらわれ、全国が1つに統一されるというのが、近代資本主義社会である。国は1つ、領主は1人。軍隊も、教育機関（つまり文部省）も1つだ。今まで地方にあって、ずうっと小さく凝縮していた枠が取り払われ、統一されると、ものすごいエネルギーになる。ここのところが、資本主義の前に封建社会があった社会と、ない社会ではぜんぜん違う。

封建制がなかった社会では、市場経済ができるということがあっても、その他はまったく変わらない。相変わらず、雲の上に「君主」がいて、各地域は、てんでんばらばらだ。現在の中国もそうだ。北京と上海と香港では、ぜんぜん経済活動が違う。

日本では、札幌にいようが東京にいようが福岡にいようが、経済活動は同じだ。文化様式も同じになってくる。こういう封建制をもちえた社会、欧米諸国と日本のみが、近代化を成し遂げたのだ。

❖――徳川時代の「鎖国」の意味

もう1つ、重要な論点に触れよう。

封建社会で、とりわけ徳川時代、日本は「鎖国」を敷き、ヨーロッパ文化をシャットアウトした。したがって、江戸時代は停滞社会だ。経済が停滞し、政治が停滞しただけでなく、文化も停滞し、日本はあの250年の間に、いわば世界から目を閉じ、蒙昧になったままだった。だから、中世、あるいは日本の近世というのは、暗黒の時代である、という理解が大手を振ってきた。

しかし、「鎖国」とは何か。これは知っておいて欲しい。日本は、「鎖国」といったけれど、オランダと清国とは交易していた。幕府が、貿易の独占権を握っていたのだ。薩摩は琉球を通じて清国と貿易をしていたが、正式には、幕府の独占だった。

17、18世紀までのオランダ、つまり江戸時代のオランダというのはどういう国だったのか、ちょっと考えてほしい。今のように、バルト海に面したきわめて小さな、チューリップと風車が有名で、野菜をイギリスに売りにいく田園都市が広がる、土地の4分の1が水面下にある国である、というふうに考えるとおそらく間違えると思う。17、18世紀までのオランダは、世界最強国家であった。今でいえば、アメリカ、ないしは日本だ。オランダは、イギリスにその世界の貿易の第一位を奪われるまでは、世界の最強国家、自由貿易国家であった。オランダは、ユダヤ人がスペインから移住してできた国家であり、商業国家だ。政治的には、デモクラシーが一番進んだ自由な国だ。つまり、世界で資本主義的な商業活動が、一番盛んだった国で、すべての富は、アムステルダムに集まった、といっていい。

当時、もっとも大きな富を形成したのは、交易船で、諸外国から貴重な品物を輸入し、それをヨーロッパの王侯貴族に売る。その場合、遠洋航海でもっとも必要だったのは、望遠鏡であり、レンズであった。レンズ磨きは、その時代の最高の工学技術、ハイテクノロジーだ。そのハイテクを独占していたのが、オランダ*のアムステルダムだ。したがって、今でもその歴史的伝統であるレンズ磨きの力は、ダイヤモンド加工・研磨という形で残っている。

＊17世紀オランダの、デモクラシーと富の蓄積を背景に、画家レンブラントと哲学者スピノザがでたことは、知っておいてよい。また、思想の自由を求めて、フランスのデカルトやイギリスのホッブズが亡命した。

この時代、オランダと貿易するということは、今、アメリカと貿易することと同じで、世界と貿易することを意味した*。それと、清国だ。日本とチャイナは、昔からの通商国である。したがって、日本は長崎（天領）以外の門戸を閉じたが、幕府が開いた2つの窓口を通じて、世界のさまざまな物産ばかりでなく、知識、情報がぜんぶ入ってきた、と考えて間違いない。幕府は、それらを独占し、幕府の役人、幕府の学者、幕府の政策に有効なものにしか流通させなかった。逆に、幕府の要人*たちにとっては、とてつもなく大きな情報源を独占することができた。その典型が、5代将軍家宣の最高政治顧問になった新井白石だ。

これが、「鎖国」の意味である。つまり、「鎖国」はその時代、日本が外国の勢力と摩擦することを避けて、国を閉じるけれども、同時にこれは、国を開いて世界と平和的に貿易する1つの形であった。このことを知っておいてほしい。「鎖国」は、国を閉じたのではなくて、あの時代に日本が国を開く1つの形式であったと考えてほしい。

＊もっとも、オランダは、18世紀にはいって、その商業力を、イギリスに奪われる。当然、日本の世界への窓口も、より狭いものになってゆかざるをえなかった。

＊この典型が、一介の学者から5代将軍家宣の最高政治顧問に就いた新井白石（1657〜1725）だ。その知識はあらゆる領域に及び、同時代の百科全書家、ボルテールやディドロと肩を並べるだけでなく、政治経済で最重要な役割を占めた。8代吉宗の登場で、失脚。

しかしやはり、鎖国は、幕府はもとより、諸藩に重大なマイナスをもたらした。一番大きかったのは、日本が、機械技術、とりわけ自動・動力機械をもちえなかったことだ。ヨーロッパの蒸気機関《ボイラー》や、それを実際に造り上げる工作機械とかを、いくら本を読んで理解しようとしても、実用化できなかった。＊だが、基本的な点では、ヨーロッパといわば歩調を並べて進んでいた、といってよい。

＊幕末、外国艦隊の来航のなか、蘭学者の村田蔵六（後の大村益次郎　1825〜69）が、宇和島藩に委嘱され、蒸気機関（艦船）の制作に取り掛かった。その試行錯誤は、司馬遼太郎『花神』（新潮文庫）に詳しい。

3.1.2　日本資本主義の特徴

❖徳川時代は、資本主義と封建主義との結婚であった

日本資本主義は、東アジアでは異質な、西ヨーロッパと平行関係で進んだ。だから、徳川時代というのを封建社会というふうに括るのは単純すぎで、資本主義という経済制度と、封建主義という政治制度との、独特の結合なのだ。

封建主義というのは一円支配である。領主が、自国領土をもち、自治支配する形だ。朝廷から領土を与えられ、そこの支配人をするのとは違う。領主と支配者とが、つまり土地をもっている人間とそこを支配する人間とがまったく同じだ。経済と政治の主体がまったく同じなのだ。＊

だから、江戸時代というのは、資本主義的な経済制度と封建主義政治が結婚した、といってい

い。これが、不幸な結婚だったか、幸福な結婚だったのか？　基本的には不幸な結婚ということもできるが、じつはその結婚が、日本の民主主義（政治）のその後の展開を独特なものにしたのだ。

＊これは、荘園領主である。貴族制だ。だが鎌倉期に封建領主、たとえば、島津氏のような、明治維新まで存続する、一円支配の守護大名が登場する。今川、北條、武田等は、信長・秀吉・家康の天下統一で、消滅した。

❖――近代明治は、民主主義が天皇を要求した

ヨーロッパには、資本主義の発展があり、それと平行して民主主義の発展があった。民主主義の発展とは、封建君主を打ち倒す革命運動だ。フランスのブルボン王朝のルイ16世と王妃マリー・アントワネットが、フランス革命で、断頭台の露と消えた。デモクラシーは、王侯、貴族たちの首を切って、実現したのだ。デモクラシーとは、大衆＝多数者の支配を意味する。

ところが日本は、明治維新＝革命で、幕府から「薩長」に政権が移る。ただし「万機公論」で、政治はデモクラシーをめざした。このとき、そのデモクラシーが王政復古（天皇）を要求したのだ。つまり、日本は近代社会になって、領主とは違う、古代貴族社会の権力の中枢にいた天皇と

いうものを、ふたたび国家の中心に据えることを要求したのだ。*

＊明治維新のキイ・ワードは、形の上では、廃藩置県（封建制廃止）と王政復古（太政官制復活）である。デモクラシーと天皇・王朝制だ。この組み合わせを、保守反動と読むか、読まないか、が歴史理解の根本的分かれ目となる。

これが、日本が西ヨーロッパと、断然（by far）、違うところだ。ヨーロッパは、自分たちの王様の首を切る。その前に、王様が法王の首を切った。だから、宗教的なシンボルも、政治的なシンボルも、切ってしまう。これが、革命の時代、彼の地の18世紀から19世紀だ。日本では、デモクラシーで、封建領主の首を切るけれども（実際には追放）、しかし、ローマ法王にあたる天皇を、いわば復権させたのだ。* したがって近代日本は、きわめて特異な形の国家出発を行なったといえる。

＊この詳しい意味については、拙著『天皇論』（三一書房　1989）、あるいは、『日本資本主義の生命力』（青弓社　1993）、さらには『現代思想』（潮出版　1996）を参照されたい。

デモクラシーが天皇を要求したのが明治維新であって、明治国家はデモクラシーだけれども、「天皇」を上に戴いていたのだ。天皇権力が無理やりしゃしゃりでて政権を取ったのではなくて、デモクラシーが天皇（象徴天皇）を要求したのだ。ここに大きな意味がある。

❖——戦後日本は、天皇が民主主義に適応した——象徴天皇

戦後、日本は、民主主義の上に載っかっていた「天皇」がとれて、天皇が民主主義に適応した。民主主義が主になって、天皇が民主主義に溶け込んだ。象徴天皇の完成体である。

つまり、日本国は、7世紀末の建国期を除いて、非常になだらかに、象徴天皇主義を維持してきた。日本の政治体制は、天皇専制ではなく、平安期には藤原・貴族主義、鎌倉・室町時代や徳川時代の封建主義、近代明治で（名は「天皇大権」だったが、実は）「象徴天皇」主義、それから戦後日本は完全な象徴天皇、という形で、「民主主義」の拡大のなかに、象徴的な原理（天皇）を内包してきた、と考えて間違いない。

3.1.3 近代天皇の「型」

❖——天皇主権

近代天皇の「型《タイプ》」を、みてみよう。

明治以降の近代天皇は、憲法上は、「天皇主権」（大権）である。したがって、国民は天皇の「赤子」であり、「臣民」だ。したがって、国を代表するのは天皇であり、国のために死ぬということは、天皇のために死ぬのと同じであった。* 天皇の地位は、超法的な存在であると同時に、法の根拠であり、日本の軍事権力の出所でもあった。議会・政府・司法を総攬し、軍を統括する「統帥権」をもった。天皇は国家であり、国民の上に立ち、国民を統合し、コントロールする主体だった。これが形式上の憲法規定である。一見、ロシア皇帝と同じに思えるだろう。

＊戦前、「日本国家」を代表するイメージは「天皇」であった。したがって、「君が代」は、「天皇」が統治する時代、世界ということで、戦前日本国家の歌、「国歌」である。

❖――「万世一系」

もう1つ、天皇は、政治と宗教の関係でいえば、「万世一系」である。天皇は、選挙で選ばれるとか、単に「あるとき」どこかから出てきた「だれ」というだけでない。日本開闢（the beginning）の「神武」以来、ずうっと存在し続けた、というのは歴史的な「捏造」（神話）だ。だが、ともかくも、「天皇」は、7世紀末の建国以来、1300年以上続いてきた。1つの「王朝」（皇統）がこれほど続いた国家は、世界で唯一だ。*

＊1300年続いた王朝は、民族意識上のこととしていえば、「万世一系」といってもよい理由になる。これはとても重要なことだ。斎藤秀三郎著『和英大辞典』は、「万世一系」を〈a single line of Emperors from time immemorial〉とする。「（記憶・記録などに残らないほど）遠い昔、太古」（ランダム英和辞典）「から連なる単一の皇統」＝「皇室伝統」を意味する。言いえて妙（絶妙）だ。

国家の正義とか道徳は、道義といわれた。そしてその道義にあわせて個人が守るものを、道徳といった。道義と道徳の違いは、国家か、個人か、である。もちろん、道義が優位する。天皇の名のもとにさまざまなことが行なわれたが、日本は、法治国家であると同時に、その法治を超えた、国家それ自身が超法的な存在である天皇を前提としていた、という複雑な意味をもってきたのだ。

資本主義と民主主義の結婚ということが純粋に可能になったのは、戦後だ。しかし少なくとも明治時代からそれははじまった。「広く会議を興し、万機公論に決すべし」というのは、慶応3年に発せられた「五箇条の誓文」だ。形としては王政復古だが、この「王政復古」は、デモクラシーが天皇を戴いた、要求した、のである。天皇のもとに国民は平等だ、ということだ。この日本民主主義の特徴を、考えてみたい。

3.2 日本民主主義の特質

❖——民主主義の最適国、日本

ここでいいたいことは、こうだ。

人間の生命力は「過剰」だ。その生命力にもっともフィットするのが資本主義である。しかし、その資本主義がもっともうまくいったのが、どうも日本だといって間違いない、のではないか。これが、1990年代の（私の）結論だ。それが永遠にそうであるとか、これが最上のものであるとかはいえない。しかし、歴史上さまざまに現れてきた政治とか、倫理とかいう形からいえば、日本の民主主義といわれるものは、あるいは日本の資本主義といわれるものは、人間の生き方、生命力を十分に発現させるというか、生命の「過剰」で生きるという点では、もっとも適合した社会《システム》なのだ、といってみたい。*

＊自国を、美しい言葉で飾るのは、十分に気が引ける。しかし、ここは、絶対的評価ではなく、他国との、欧米諸国との比較の問題なのだ。

あなた方はそういう社会のなかに生まれて生きているわけだから、世界でもっとも幸福な人間であるといいうる。そんなことは知ったことでない。私たちは生まれたときから、それを前提に生きているんだから、別に幸福とも何とも感じない、というのはその通りだ。しかし、私たちの世代から見れば、あるいは他の国から見れば、あなた方の当たり前は、例外中の例外で、幸運の類いなのだ。まず、こういうことを念頭に置いて、考えてみよう。

3.2.1 誰もが、日本に民主主義はないと思ってきた

「武士」とは何者か

日本には、民主主義がない、現在もない、という考え方が非常に強くある。

アメリカには民主主義がある。ところが、日本には、「長いものには巻かれよ」、「臭いものには蓋をせよ」、「辛い仕事は他人にまかせよ」というように、民主主義は育たない。すぐ忘れてしまう。どんなに政治が腐敗しても、そのときは怒るかもしれないが、すぐ忘れる。もう、リクルート事件なんかは忘れている。ロッキード事件*なんかは、とっくのとうに、あれが何だったのかはもちろん、存在したことさえ忘れている。こういうような民族で、日本にはデモクラシーは育たないのだ、というふうにいわれる。しかし、本当にそうなのかどうか、はじっくり考えてみ

る必要がある。

＊1993年12月、ロッキード事件の刑事被告人田中角栄（元総理大臣）が死んだ。このときの新聞等による世論調査では、金権腐敗をはじめとするマイナスの政治責任を田中に求めるものは、4割にすぎなかった。

日本の時代劇とアメリカの西部劇を比較してみれば、面白いことがわかる。

アメリカの西部劇は、インディアンをバンバン撃ち殺す。それから、悪い奴ならなんでもかんでも撃ち殺す。日本の時代劇でも、バッタバッタ切り殺す。同じである。ところが、日本のこの時代劇の形は、戦後できたもので、アメリカデモクラシーをモデルにしてできあがったのだ。戦前の時代劇というものは、あんなんじゃない。暗い。

だいたい主人公は失業していて、稼ぎ場所がない。家族もない。アウトローで、ニヒルだ。善良な人間にたかって生きている武士（浪人）が主人公だ。そういう武士たちが集まって悪事を働く。権力に反抗したりする。こういうのが、戦前の時代劇が主として描いた武士の社会だ。

林不忘（原作）の丹下左膳もそうだ。丹下左膳というと、爽快な時代劇にみえるが、ぜんぜん違う。うらぶれた所に住んでいて、飲み屋をやっている女房のヒモで、素頓狂（crazy）な浪人、という設定だ。非常にうらぶれた、社会から光のあたらない所でうごめいている人々を映し出したのが、戦前の時代劇で、総称して「傾向映画」といわれた*。

*戦前の時代劇の典型が、「浪人街」であり、「雄呂血」である。アナーキーとニヒルの合体した、貧困と抑圧から生まれる、うめき、叫び、反抗、そして大量殺戮がテーマだ。

戦後の時代劇は、アメリカの西部劇のように、バッタバッタと切り殺す。しかし、本当のところ、刀を差した武士とは何か。軍人なのか。浪人という、軍人くずれなのか。

そうではない。江戸時代の武士は、大方が公務員、「官吏」なのだ。

あなた方は、公務員「試験」を受けて公務員になる。公務員と会社員に、仕事の違いはない。身分の保証の違いも、そんなにない。違うのは、公務員は、社会全体に対して奉仕し、会社員は、会社のために奉仕することだ。その違いがあるだけで、基本的には違わない。ただし、社会全体のために奉仕するわけだから、社会の特定の人間に便宜をはかると罪になる。会社の場合は、だれに便宜をはかっても、会社に損害を与えないかぎり、罪にならない。

江戸の武士というのは、公務員、「官吏」である。したがって、ソロバンを弾き、住民サービスをはかり、公共事業を起工し、法的な制度等を整備・管理する、役人だ*。刀は、単なる象徴だ。

しかも、江戸時代は封建主義だが、経済は市場経済である。みんな賃金をもらって雇われる。わけの分からない力で集められ、働け、と強制労働させられることはない。するもしないも賃金次第、というのが江戸時代の働く人間たちの原則だ。幕府が無理やり農民を駆り立てて仕事をさせる、という光景が時代劇によくでてくる。だが、実際そんなことがまかり通ったら、幕府はすぐ潰れ、藩は存続しなかっただろう。強制収容所じゃあるまいし、農民が藩のため働いたぶんは、税金を免除する。ふさわしい見返りを与えなければ働かないのだ。

＊1600年（東西あわせて20万の軍が激突した関ヶ原の戦い）、日本は、武装国家の頂点にあった。同時に高度成長経済期でもあったことを忘れてはならない。それから250年のあいだに、日本は、典型的な非武装国家に転化してしまう。武士は、公務員になる。大石慎三郎『大江戸史話』（中公文庫）を読まれるといい。

❖――江戸幕府の強さの原因

他の藩に較べて、江戸幕府は抜群に強かった。それは、江戸幕府が収入の一番多い「藩」だっただけではなく、一番開かれて自由だったからだ。

たとえば、将軍の決め方だ。最初は、指名権をもったオーナーがいた。家康、つぎに秀忠という、いわば会長がいて、実際の業務はやめたが、社長（トップ）を選ぶ人がいる。だから、家康が秀忠を指名し、秀忠が家光を指名する、というふうに、厳密にいうと3代までできた。

だが大変おもしろいことに、武家政権は、すべて3代だ。源氏も3代。足利氏も3代。徳川もそうだ。[*]あとは「象徴」だ。将軍は、内閣（老中と若年寄等）の合議制で決まった。「開かれた」人事だ。厳密な意味では、世襲ではない。もちろん、徳川家（御三家・御三卿）から選ぶのだが。それから、全国から優秀な人材を登用した。他藩や浪人からも、どんどん召し抱えた。老中は、徳川一族でもその家臣でもない、領地を持つ大名（親藩）だ。たとえば松平定信（白河藩）だ。いわば最高政治顧問に、新井白石というただの学者をもってくる。あるいは、小禄・無役の御家人の家に生まれた蘭学者勝海舟を、長崎に派遣し、海軍伝習所を創設させ、のちに軍艦奉行（海軍大臣）に登用する。最後には、幕府の命運を決める仕事（江戸城無血開城）を任せる。こういうことを、最も精力的に行なったのが幕府なのだ。福沢諭吉も、外国奉行の雇員（臨時職）から幕臣に登用されている。

そのために、幕府は、率先して、学問所（大学）や病院、研究所、造船所等を設立する。これが江戸幕府の強さ、技術革新力だ。そういうものがぜんぶ、維新後、そっくり明治政府に継承された。

＊「3代」で、権力の実質がなくなるという意味は、創設オーナーの遺産が、3代で食い潰されるということで、現在も、基本的には変わらない、といってよい。

❖ 商人国家、日本

それから、あなた方も知っているように、江戸時代は商人国家だ。商人国家の最大の基本は、競争だ。競争に勝ったものが利を占める。市場（競争）原理だ。そして、競争原理の底にあるのは、詐欺ではなくて勤勉《インダストリ》だ。この時代、江戸だけでなく、日本国中にさまざまな学校、特に私塾がある。私塾の中で教えたのは、実学だ。初級は、読み書き算盤だったが、実学のなかで一番大切だったのは、語学だ。漢語はもちろん、オランダ語、*のちに英語だ。漢訳で読み、オランダ語、英語を学んで、ヨーロッパの新しい知識を得ること、これが、江戸時代の中でもっとも重要な知識人の資格だ。

*数かずの逸材を輩出した、大坂の緒方洪庵の私塾「適塾」の第1の科目は、オランダ語の習得であった。大村益次郎（長州）も、福沢諭吉もここから出た。一時、ともに、幕府で働いた。

もう1つは、技術だ。単に工学的なテクノロジーという産業的な技術ばかりでなく、政治的な技術、経済的な技術という、人文系、社会科学系、理科系のトータルな技術の修得だ。

あなた方は、二宮尊徳*を知っているだろう。たしかに、薪を背負って、歩きながら勉強する二宮尊徳は、なにがなんでも勉強が大事、親に孝行し、国に忠勤を励むことを教える、つまり封建的な道徳を植え付ける勤労・倹約のシンボルだった。しかし、よく調べてみると、二宮尊徳は農政改革をやり、水田の技術的発展に貢献したのだ。田んぼの区切り方、農耕・経営の仕方、生産した米はどのように集積し、脱穀し、どのように売ったら収益が上がるのか、ということを非常に詳しく実地に、実学的にやった。

こういう学問が、あるいは経済活動が流行ったのだ。信州のある藩では、武士が経営できなくなったから、江戸から商人をよんできて、あなたが領主になってください、と実質上、領主権を売ってしまう、そして、経済的に運営する権利を、商人に任せてしまう、という事例まで生まれた。まさに商業主義国家だ。

したがって、逆にいえば、商人が、商業がのさばることが多々あった。だから、商人の力が強大になりすぎると、取りつぶされることも起きた。*とはいえ、勝手にとりつぶすことはもちろんできなかった。これが、江戸時代である。

*二宮尊徳の仕事は、今日でいえば、経営コンサルタントだ。小田原藩をはじめ、各藩の経営立直しのため、雇われ、多くの村を復興させた。最後は、幕臣に連なる。ちなみに、私は、郷里の信濃小学校を出た。93年、そこが創立100周年を迎え、記念事業として、新しい尊徳少年像を建立した。あいかわらず、薪を背負っ

ている。経営コンサルタントの尊徳壮年像だったら、まだよかったのに、と思えた。

＊江戸中期、北前船で財をなした豪商、高田屋（嘉兵衛）は、幕府の蝦夷地事業の委託を受け、莫大な富を蓄積した。しかし、二代目の時、ロシアとの密貿易の嫌疑を受け、取り潰され、富のすべてを奪われた。

江戸時代は民主主義ではなかった。しかし、内容からいうと、人材登用とか、武士が実際にサラリーマンであったとか、あるいは商人の合理主義が社会全体に浸透していたのだ。つまり、民主主義は不十分ではあれ、下級武士や庶民生活の隅々まで浸透していた、と考えて間違いない。

デモクラシーの最大の根拠は、政治権力とそれを握った人間を、いわば政府と首相を、国民（多数）が選ぶということだ。こんなことは江戸時代にはできなかった。しかし、幕府は、人気のある人を登用した。あなた方が1番知っている有名な人に大岡越前守がいる。この人は、8代将軍吉宗のときに登用された、とてつもない能吏である。彼は、江戸町奉行をやっただけでなくて、勘定奉行、寺社奉行もやった。

町奉行というのは、町の治安だけでなく、警察と裁判所を兼ねたものだ。勘定奉行というのは、幕府のいわば大蔵大臣を兼ねるだけでなくて、直轄地、とりわけ関八州の統治を見る。だから、江戸町奉行と勘定奉行を兼ねるということは、日本でいうと、東京都知事の業務をやるのとまったく変わらない。幕府には、老中とか、大老がいる。だが、老中には大名でなければなれない。大名というのは「飾り」だ。大岡は、その下にいる官僚のなかでトップになった。大岡越前守は、30年余り、各種の職に就いて、70歳くらいまで頑張ったようだ。ものすごく優れた政治家だったそうである。*

*ちなみにいえば、北町奉行の遠山の金さん、つまり遠山金四郎は、勘定奉行から、転じた。親の家督を引き継いだ金さんが活躍したのは、大岡の１００年後である。テレビ番組の「鬼平犯科帳」に出てくる火付け盗賊改方・鬼の平蔵こと長谷川平蔵も、実在していた。この人は、なかなかの人だったらしい。父が京町奉行であったが、詳しいことはよく分からない。ＴＶの鬼平は、作家の池波正太郎が、実在の人物をモデルに（歌舞伎の松本幸四郎を下絵に）して造り上げた架空の人物だ。

ともかく、大岡越前守は、とてつもない能吏で、その基礎にあったのが、勤勉《インダストリ》の哲学だ。よく働いた人間が幸せな目にあう、という社会システムを、少なくともある部分、江戸時代は実現していたのだ。

3.2.2 天皇主義と民主主義

❖――天皇機関説

日本の近代は、民主主義と天皇が結婚した。

軍部が台頭し、関東軍という満洲に展開している軍隊が独走するまでは、天皇は、法的に、権力を「総攬」するといっても、もちろん、専横者ではなかった。実質では形式的主権者だった。

普通、天皇を、「お上」、ときに「玉」とよんだ。玉とは将棋の王駒をさす。玉をつかんだ人間が、権力闘争に勝利する、という意味である。天皇を自分の懐に入れ、自分の駒にするということで、天皇は傀儡師に操られる人形である、と少なくとも明治時代に活躍した元老たちは内心で考えていたし、実際にそういう行動をとった。

露骨にいわなかったものの、天皇は権力機関の1つである、* これが憲法内存在としての天皇である。

＊天皇機関説は、美濃部達吉に代表される見解である。美濃部は、文部省中等教員講習会での講演をもとに編まれた『憲法講和』（1912）で、統治権は、法人である国家にあり、天皇は、国家の最高機関として、その統治権の行使者である、とのべた。

❖――「制限」民主主義

一方、明治（欽定）憲法以前の祭祀王、神祇としての天皇、日本民族の精神の象徴としての天皇という性格規定がある。こういう憲法内存在の天皇と、憲法以前に存在した「神」としての天皇が二重写しになっている状態が、近代天皇の1つの形である。したがって、民主主義は「制限」民主主義なのだ。

たとえば、内閣総理大臣は、法的規定としては存在しない。天皇が、内閣総理大臣を指名し、組閣を命じたときに、総理大臣が存在することになる。もちろん、直接間接にかかわらず、総理大臣を国民が選ぶのではない。国民は衆議院議員を選ぶ。それも所定の所得税（15円以上）を払った人たちにだけ、選挙権も被選挙権もあるという形であった。[*] それから、貴族院議員は、勅撰で、政府の高官が推薦し、天皇が任命した。

＊1890年、第1回衆議院議員選挙の有権者数は、総人口4000万人中、わずか、45万人にすぎなかった。

この制限民主主義の主体は、所得をもっている地主と資本家だ。自作・小作農や各種労働者という、大多数の日本人は、政治権力から完全に排除され、政治に対する手出しは許されなかった。これが日本のデモクラシー、制限民主主義であった。もちろん、女性は政治的に無権利だった。

❖――「軍事天皇制」と「天皇制社会主義」

日本は、富国強兵策を進め、日清戦争で勝利し、20世紀初頭、ロシアとの戦争で勝利して、外国との不平等条約を解消するところまでようやく到達した。* ところが、日本は逆に、「中国」（中華民国　1912〜）に対して、1915年、不平等条約（対華21カ条）を突きつける。日本は、列強諸国（Powers）の仲間入りをし、今度は、日本自身がいわば他国を侵略・植民地化するという政治的意図を露骨に示したのだ。その背後に、軍の台頭とそれを後押しする軍事産業の自立があった。いわゆる「天皇軍国主義」といわれるものだ。

＊1894年の日英通商航海条約締結以来17年、1911年、日米新通商航海条約によって、日本は、最終的に関税自主権を回復した。

大変面白いことをいう人がいる。* 日本（国家と国民）は、満洲事変、つまり「中国」（東北部）に露骨に侵略行為を行なった1931年から1945年まで、日本軍に占領されていた。また、敗戦の1945年から1960年まで、アメリカ軍に占領されていた。つまり、敗戦をはさむ前後30年間、日本は、軍に占領された異常国家であった、と。

＊磯田光一『戦後史の空間』（新潮社　１９８３）

１９６０年、安保条約が制定された。日本とアメリカの軍事同盟である。もちろん、アメリカは日本にたくさんの基地をもち続けたが、「占領」状態を最終的に終える、これが１９６０年の日米安保条約だ。

日本の歴史で、軍が日本を占領したという、あるいは政治権力を完全に掌握したというのは、この30年間というきわめて特殊な時代だけだ。それまでは、軍は、政治的にも、社会的にも、きわめて小さな地位しかもたなかった。江戸時代、武士が1割だったといわれるが、基本的には、軍事的な存在ではなかった。ただ、戦国期が終わるころ、つまり信長や秀吉が天下統一を目指し、家康が統一し江戸時代が安定する（3代家光）まで、日本は軍事大国であった。しかし、この2つの時代以外は、日本は軍事大国であったことはない、というのだ。

日本軍が日本を占領していた時代を、「軍事天皇制」とよび、天皇の下に国家統制、経済・政治・文化・言論・国民生活等々を統制し、国家に対して反対する者はぜんぶ排除した。このときデモクラシーは死に絶えた。これは、ナチ（Nationalsozialistische Deutsche Arbeiterpartei）の「国家社会主義」と対比していえば、「天皇制社会主義」である。国家＝天皇制社会主義、つまり社会主義＝統制政治・経済社会であると。＊

しかも、このとき制定された制度はまだ残っている。戦争が始まって起こった配給制度*は、実際に強力に実施されたのは戦後の食料難の時代であるが、戦前にはじまったのだ。戦前にあった経済的な統制、社会的な統制は、まだ残っているものがたくさんある。これは知っておいてほしい。これは「軍事天皇制」の、つまり「天皇制社会主義」の、いわば生き残りだ。だからこういう社会では、資本主義的発達を自由に認めない、資本主義を統制する、デモクラシーを統制する、国家統制だ。つまり社会主義だ。これが、戦前の「天皇制民主主義」だといわれる。

*これとは別に、左翼マルクス主義者や右翼ナショナリストが、「天皇制」のもとに、私有財産制を否定した社会主義を構想し、正真正銘の国家社会主義にのみこまれていった。磯田の「軍事天皇制」という規定は、すこぶる曖昧だ。戦前も戦後も、「天皇制」で日本国家を総括することは、できない。天皇は、基本的に、「象徴」だからだ。

*1941年、6大都市で、米穀配給通帳制と外食券制が実施された。その後、味噌、醤油、衣料のはてまで、配給統制制度になっていった。

3.2.3　象徴天皇と民主主義

❖——平和主義

戦後の民主主義憲法下で、天皇は、憲法の第1章にあるとおり、「象徴」である。国家と国民統合の意思の象徴、シンボルとしての天皇だ。シンボルとしての天皇というのは、「漠然」としている。しかし、少なくとも日本国は、国民主権であり、基本的人権を尊重し、平和主義を根本としている。

平和主義の内容を語るのは、他国を侵略するための軍隊保持と軍事行動を禁止する、という憲法の9条条項である。自衛の軍事力（質と量）とその行使（範囲）のいかん、これが、ますます難しいところにきたのだ。

社会主義「世界体制」が解体し、米ソの軍事バランスの上で成り立ってきた「冷戦構造」が崩壊し、日本も、世界の平和を維持する重要な構成国として、発言し、行動しなければならなくなった。* これまでのように、アメリカの軍事力を「盾」に、「洞が峠」（「非武装中立」）を決め込むことは出来なくなったのだ。もっとも、本当に難しいのは、これまでやってこられたことと違う事態が進んでいるからだ。より大きな困難が生まれたのだ。

＊日本が世界の平和に貢献する最大の道は、「日本が平和で繁栄している」ことにある。それを基調にした、国際貢献の道が基本だ。その一端に、国連ＰＫＯ（平和維持活動 peacekeeping operations）への参加がある。

その1つがPKO協力法の成立だ（1992）。

天皇は、戦後、憲法を超え、憲法自体を成立させる根拠から、憲法を守る、憲法内存在になったのだ。

❖──国民主権と基本的人権

「天皇」と民主主義の関係は、敗戦後、天皇が民主主義にフイットし切った、という点にある。

もっとも、天皇個人の存在は、超法的である。天皇には、主権はない。天皇には、基本的人権はない。つまり、天皇の主体的意思はないのだ。天皇は、法律で守られていない。したがって、法律で罰せられない。* 天皇には、もちろん戸籍はない。だから、法的にいえば、人間ではない。したがって、天皇は生命をもっていない。皇族もそうだ。しかし、皇族のやることはぜんぶ、法律によって規定されている。勝手にできない。100円使おうと200円使おうと、厳密にいえば、確認をとらなければならない。天皇家には財産がある。昭和天皇は死んだとき、遺産相続があり、もちろん、相続税は取られた。現金で払えなかったから、壺とか、美術品で払った。天皇家が財産をもっていたら、その財産を継続するときには税金を払う。あなた方と同じだ。

人間が税金を払うのではなくて、土地・財産が税金を払うのである。お父さんから、あなたと妹と弟がもし財産相続すると、1年以内に税金を払わなければならない。相続する、しないは関係なく、最終的にあなた方に相続税がかかってくる。しかし、相続自身は、その土地とか家とかの物件にある。そして後から人格がついてくる。

天皇は、主権もないし、基本的人権もない、憲法外存在である。したがって、天皇を罰することは出来ない。しかし、天皇は、その存在すべてが、憲法と法律で規定されている。したがって、自由な言動はできないのだ。こういう社会が日本の社会である。だから、戦後の社会というのは、民主主義から外れた天皇というのは存在しない、といえるのだ。

＊罰せられない。しかし、同時に、法律に訴えて事をおこすこともできない。例えば、プライバシーの権利もなければ、その権利侵害を訴える手段もないのだ。

❖政教分離

戦後、日本くらい、建前として、政治と宗教が厳しく分離している社会はない。イギリスでは、イギリス国王がイギリス国教の教主である。アメリカでさえ、アメリカ大統領に就任したときには、聖書を持って大統領宣誓をする。日本では、総理大臣が「御名御璽《ぎょめいぎょじ》＊」の儀式をとり行なう。つまり、天皇は、民主主義とその法に完全に埋没している。これが、天皇という「象徴」のあり方だ、というふうに考えておいてほしい。

＊「御名御璽」とは、天皇の名と印のことで、その授受式が、天皇即位を実体化する儀式だ。授けるのは総理大臣、受けるのが天皇、ということだ。

3.3 日本資本主義の倫理

3.3.1 平等主義

❖——戦後民主主義の勝利は、平等主義にある

文明世界で、歴史上、現在の日本ほど平等主義が進んだ国も社会も存在しなかった、といってよい。もっといえば、こういう社会は、他国人が考えたら「夢物語」ではないかと思うくらい、平等主義が進んでいる。だから完全に平等だとか、もうこれ以上、平等は進まなくてもいい、とかということをいっているのではない。そうではなくて、歴史上からいうと、夢物語のような平等主義が、いわば現実の社会の中で進んでいるということだ。

戦後民主主義は、徹底して平等主義であった。* 財産を形成する仕方、経済的な活動、政治的な権利、教育。こういう形で出てくる平等を、戦後は実現した。したがって、社会の中で、差別や不平等発言を堂々と行なう人は、日本の社会の中では、稀だということだ。日本はこういう社会になったのだ。

しかし重要なのは、1970年くらいまでは、まだ日本は、「貧しさの中での平等」であった。

＊もっとも、日本が、日本国民が、自力で、めざめて、平等化の道を進めた、といったら間違いだ。戦後のアメリカの対日政策を基本に、民主化、平等化が進められたことが大きい。

黒沢明という映画監督の作品の中に、「天国と地獄*」がある。舞台は、横浜だ。町工場等がひしめく所からずうっと丘を見上げると、一軒の2階建ての立派な屋敷が見える。毎日毎日、その屋敷を見ていると、真夏の炎天下、もちろんクーラーも何もない、40度にもなる鉄板の屋根の下で、生息している自分が惨めになる。屋敷の人間が、憎らしくて憎らしくてならない。そんな状況から、誘拐事件がはじまる、という設定だ。

＊「天国と地獄」。1963年作品。東京オリンピック前年の、戦後の「貧困」が東京から消されてゆく以前

の、象徴的映画である、といっていい。

❖――豊かさの中での平等

しかし、今、その素晴らしい屋敷を現在に置いてみたらいい。まあ、私の家よりうんと立派かもしれないが、私の横の家よりほどではない。すぐ近くに、ガソリンスタンドと農業をやっている人がいるが、丘の上に、とんでもなく立派な、パノラマチックな家を建てた。そんな家と比べたら、あの主人公（三船敏郎）が住んでいた、シューズ製造会社の常務の家など、たいしたことはない。しかし、１９６０年代、いわばほとんどの人がまだ貧しい生活の時代、羨むとか嫉妬するという感情が、横溢していたのだ。そのような、無差別に他人の幸福を羨む、恨むという感情は、現在、もうほとんどなくなった、といっていい。

昨日（93年5月26日）、マスコミは、自民党の代議士の中西某が、和歌山市に７００㎡ほどの土地をただで借りていた、と非難していた。２００坪ちょっと。けっして広くはない。２０００坪ないと、隣の家の声が聞こえる。

私は、ド田舎にいるからよく分かるが、２０００坪あると、隣でどんなに騒いでも、うるさくない。目白の田中角栄邸が２０００坪で、ヘリコプターから見たらすごく大きく見える。でも、あのくらいの敷地は、私の住んでいる長沼にいったら、値段が違うだけで、幾らでもある。* ところが、アメリカやヨーロッパでは、自分の家の敷地の中に、鉄道がダアッーと走っている。自分の家の敷地を回るのに一週間くらいかかるというところが無数にある。そういう社会と日本の社会は、まったく違う。

*ただし、よく考えてみると、これは、地価の問題である。貧富の差の問題ではないのだ。角栄邸の価格なら、おそらく、私の住んでいる町なら、全部を買っても、もちろん、お釣りがくるだろう。

現在はもう、失業したら食べれなくなるとか、自分の子供を学校にやれないとかという貧しさは、基本的にはなくなったといえる。もちろん、今でも貧しい人はいるし、その貧しさに負ける人はいるが、むしろ例外的になっている、と考えて間違いない。

❖――日本国民としての平等

ただし、日本の平等主義というのは、ちょっと変形で、日本国民としての平等であって、日本人以外に対しては露骨に不平等に、不当に取り扱う。これを、ヨーロッパ諸国では公然とはやらない。

日本は、公式的にも、実質的にも、外国人労働力をシャットアウトしている。賃金差別もある。

法律的にも、政治的にも、就労上の差別をしている。最近は、ドイツもするといっている。ドイツは、亡命者や難民を完全にシャットアウトするというのだ。日本は、数千人とか、せいぜい数万人だが、ドイツは数100万、もう1千万近く、難民としての外国人労働者をひきうけている。新規にシャットアウトすることは出来ても、外国人労働者を、国外追放するなんてことは、不可能だ。

だから、日本国民は、自分たちの社会、同質な国民生活の中での平等主義を唱えているけれども、他国（とりわけ近隣諸国人）に対しては、平等主義を少しも実現していない。もう少しいうと、それを実現しないということが、日本のずうっと伝統的な行き方であった、*といえると思う。

*では、日本も、東アジアを中心とする外国人労働力を受け入れるべきか、というと、答えはそんなに簡単ではない。少なくとも、93年段階で、日本が、外国人労働力の流入を狭めたことが、日本にとってベターであった、といえるからだ。

3.3.2 教育主義――勤労の精神

❖――福沢諭吉『学問のすゝめ』

日本資本主義の倫理は、勤労精神にある。勤労精神は、教育主義にあらわれる。教育というのは、言葉でいえば education だが、あなた方のやっているのは work である。work book のwork で、仕事だ。一生懸命勉強する、ということだ。ここの授業は500人ほど受けているはずだ。しかし、今、40人か50人しか出席がない。あとの人はさぼっている。だから、「今の学生は勉強しない」ということになるか。だが、授業にでるだけが勉強ではない。私たちの時代（60年代）には、倫理学の授業には、受講生が300人いても、出席は1人もなかった。

勤労精神というのは、教育のなかで鍛えられる。日本は、高校までの出席率が抜群にいい。今、登校拒否をする人が多いことや、10万人くらいの高校生が学校を退学するというので、大きな社会的問題になっている。しかし、諸外国から較べると物の数ではないのだ。もちろん、比べて済むことだ、といっているのではない。

たとえば、福沢諭吉の『学問のすゝめ』だ。この本は、よくテキストに使われる。ところが、学ぶものが、豊かになり、賢くなり、そして高貴になる。学ばないものは、貧しくなり、愚かに、そして卑賤になって、人から軽蔑される、という内容の本なのだ。じつに露骨なのだ。

つまり、学問を身につける、教育的な能力を身につけるということが、社会的な成功と幸福とともに、自分の幸福と名誉を確立する基本である、といっているのだ。学歴社会の推奨だ。しかし、これこそ、勤労精神*の基礎にあるものだ。

*なぜ日本人は、一生懸命働くのか。その勘所を知ろうと思えば、山本七平『日本資本主義の精神』(カッパビジネス　1979)を読むといい。

❖──終身雇用制

それから、日本の社会は終身雇用制である、といわれる。1つの会社に勤めると、定年までずうっとそこに勤める。

しかし内容からいうと、1つの企業の中でずうっと同じ仕事をするのではない。次々に仕事の種類が変わるのだ。ランクが上がるにしたがって、管理職になるまで、あるいは取締役になるまで、「企業内転職」が普通なのだ。つまり、日本には社会的な転職は少ないが、企業内転職が主体であって、企業の中で激烈な競争をする。その競争の結果は、しかし、平等主義で、ランクは違っても、給与等の待遇はさほど違わない。つまり、同じ年に入社した人の給与に大きな差はない、「年功序列」制なのだ。

❖──大衆教育

そして、日本は、最も厚い層に、最大の教育目標を置いた教育を、近代以降ずうっと行なってきた。大衆教育である。* したがって、義務教育を最も重要視する。秀才教育とか、落ちこぼれ教育を主体にするのではなく、最も厚い層の人々のレベル、国民大衆のレベルを上げるような教育をずうっと行なってきたし、現在も行なっている。その傾向は基本的に変わっていない。大学においてもそうだ。この平等主義が、日本の資本主義を、いわば活力あるものにしてきた原因である。

*大衆教育の普及は、江戸時代からのものであった、といったほうが正確である。全国に、官学、私塾、寺子屋等、学校教育がひしめいていた。

3.3.3 会社主義

ソーシャリズムとは、「社会主義」である。同時に、social（society 社会＝会社）イズム、つまり、「会社主義」でもある。

日本会社主義は、次の４つの特徴をもつ。

❖──── 設備投資主体

1。まず、株主配当や労働配分に重点を置くよりも、企業内蓄積を行なって設備投資を行ない、会社自体の発展を第1におく行き方だ。会社第1、労働者や資本家は第2になるという形を、日本はずうっと取ってきている。アメリカは、まったく逆だ。

しかし、会社第1が、会社のためになるだけで、労働者のために全くならないというのではない。会社自身が、設備投資によってより発展することによって、労働者も株主も自分の懐を増やしていくというシステムをとるからだ。だから、株主にもあまり配当を払わないし、労働者にも労働分配率というか、働いた以上のものをあまり払わない。けれども、日本の企業は成長拡大することによって、結果としてみれば、株主配当を大きくし、労働者の給与水準を引き上げたのだ。

世界でナンバーワンの給与水準になったというのは、日本の会社主義の特徴である。

❖──── 会社のためは、自分のため

2。会社のためにということは、自分のためにということだ。ここが難しい。会社なんかどうでもいいというだけの人は、会社員でいることが難しい。会社はどうでもいいといいながら、会社のために一生懸命働く。＊これが普通で、会社のためなんかはどうでもいいから、手を抜いてや

ろうといったら、会社全体のレベルが落ちる。自分のレベルも落ち、結局、生活水準が落ちる、ということになる。

＊「社畜」という言葉がある。会社に飼い馴らされた人間という意味だ。「会社人間」をもう少し露骨にいったいい方だ。厭味な言葉だ。

❖会社外では、競争原理が支配する

3。会社内に、競争はある。しかし、それは、どんなに激しくても、結果としての平等を損なわない程度の競争だ。だから、働かないから、首にする、ということはない。働けないから、無能だから、ただちに首だ、ということもない。

しかし、会社の外では、徹底して、会社同士が食うか食われるかの競争をしている。したがって、日本はアメリカよりも、倒産件数は少ないかもしれないが、実質上のいわば競争による倒産というか、窮地に追い込まれて吸収合併されるというのは、かなり多いと思う。またそれが多い社会ほど、活力ある社会だといえる。自分の会社が潰れるのは残念だが、それは潰れるだけの理由があったのだ。だから、リストラ、合理化しなければならない。それができなければ、その会社は競争原理の中で潰れるよりほかない。＊これが、日本の会社主義の原理である。

＊不況時、人員整理を行なう経営者は、非人間的だ、という非難がある。しかし、整理を行なわず、会社自体が倒産に追込まれたら、従業員全員は、失業するのだ。どちらを取るのか、は「倫理（善意）」の問題ではない。

❖——統制原理

4。課題としていえば、にもかかわらず、日本資本主義はネックをもつ。統制原理、コントロール原理、国家行政による市場原理のコントロールが、非常に大きい社会だ、ということだ。アメリカとの構造協議で、貿易摩擦とか、産業構造の転換とかいうことを、アメリカに鋭く指摘されている。そこで1番問題になっているのは、市場経済の原理を阻害するような、国、官庁（行政）や法規が、産業政策を上からコントロールし制限する、許認可制度だ。さまざまな制限を付けて、経済活動とか消費活動を、いわば上からコントロールする。

これは、紛れもなく、日本の特徴だ。戦前からそうであったし、戦後も続いている。また私たちの意識からいっても、「ゴミ」がでると、役所に相談し、処理してもらう。何か問題が生じたら、ぜんぶ役所の仕事にしてしまう。それは、自分たちの税金を大きくするということを意味する。医療活動も、教育活動もみんなそうだ。国立大学、いいなと思うが、税立だ。私立大学も、私学助成がある。つまり、自分の力で解決するスタイル、自分で出したゴミは自分で処理するというスタイルが、日本の社会のなかにまだ力強い形で、存在しないのだ。

したがって、日本の社会は資本主義ではあるが、同時に社会主義、国家社会主義というものが強く残存している社会だ、と考えて間違いない。これが、今、いろんな面で問題になっているネックにあるものだ。国鉄や郵政の民営化ばかりでなく、米の自由化しかり。流通機構の簡素化しかり。こういう問題が私たちのまわりに無数にある。*

それでも、日本資本主義は、スムースに、ルールに基づいてかなりうまくいっている。平等主義、勤労の精神、会社主義、という形で、諸外国と較べて例外的にうまくいっているということは事実だ。

＊1993年、自民党の分裂、一党支配の終焉は、官僚支配や国家規制の緩和を不可避とする、日本社会に課せられた流れのはっきりした現れだ。

4 社会主義の崩壊と社会主義の可能性、およびその倫理

❖──社会主義は、19世紀の夢であった

19世紀末、人類は2つの夢をもって、20世紀を遠く展望していた。1つは、科学技術の発展であり、もう1つは、社会主義の実現であった。しかし、科学技術と社会主義は、別の2つの事柄ではなかった。社会主義は、社会を合理的＝科学的な計画によって運用してゆくことで、豊かさと平等を2つながらに実現することを、強く標榜していた。マルクス主義的社会主義とは、政治・経済・文化を科学的に計画・管理・運用してゆくシステムとして構想された。つまりは、科学的社会主義＊だ。

＊「科学的社会主義」とは、エンゲルスの「言葉」だ。科学的社会主義をもっとも鮮明に主張したのは、エンゲルスの弟子で、「修正主義者」ベルンシュタインである。現在、日本共産党も、「科学的社会主義」という

用語を用いている。

この19世紀の夢が、歴史上はじめて、ロシアで実行に移された。1917年である。さらに、第2次大戦後、東欧と東アジアに、社会主義国が誕生し、その力と影響は、またたくまに世界に広がった。ソ連は、アメリカとならぶ世界の2大パワーであった。社会主義「世界体制」は、資本主義にとってかわる世界の「進歩」勢力、未来の因子である、という旗を高く掲げ、20世紀末を迎えようとしていたのだ。ところが、1980年代末から90年代にかけて、誰もが予想しなかった形で、ソ連を中心とした東欧社会主義国が崩壊した。だれ一人予想しなかった、と断言してよい。

この事実に直面して、社会主義の崩壊というのは、資本主義との競争に負けた結果である。(勝つときもあれば、負けるときもある。それが競争だ。)社会主義が崩壊したのではなくて、誤った社会主義が崩壊したのだ。つまり、スターリン主義*といわれているものが崩壊したのであって、本当の意味の社会主義というのは少しも傷ついていない。あるいは、社会主義の崩壊は、歴史的な偶然によっておきたのであって、社会主義はこれからも、いわば発展していくシステムなんだ。というように、いろいろな意見がいわれている。しかし、生まれてから150年、社会主義国がロシアに成立してから70年余、初めて社会主義国が崩壊したのだ。

＊スターリン主義を一言で規定すると、国家社会主義、といっていいだろう。言葉としては、ナチ(Nationalsozialismus)とまったく同じである。

社会主義はなぜ崩壊したのか。それは世界史にどういう意味をもたらしたのか。それらを考えることは、実は、私たちが生きている資本主義社会と、その倫理を考えることと背中合わせであるということを、これから話してみたい。

4.1 社会主義が目指したものと実現したもの――社会主義の理念と現実

社会主義は、単なる政治運動ではない。単なる経済運動でもなく、単なる思想運動でもない。それらをぜんぶ包括した意味で、人間革命というものを含んだ上での、社会変革運動であった。＊こういう社会主義が目指したものは何であったか。

＊マルクスは、革命は、人間の政治的解放にとどまらず、経済的解放、さらには、人間的解放にまで進まなければならない、という。一切の抑圧システムからのトータルな解放である。

4.1.1　搾取・失業と貧困・政治支配・戦争・宗教の廃止

社会主義は、地球上から経済的な搾取、それから失業と貧困、政治支配、戦争、宗教というものを廃止することをめざした。

❖生産手段の私有制の廃止

経済的な搾取がなぜ生まれるのか。生産手段の私有制から生まれる。生産手段を持っている人間が、生産手段を持っていない人間を働かせ、搾取する。経済的に搾り取る。これが、私有制度のメカニズムだ。これは、経済学的な概念で、否定すべくもない。

失業と貧困が起こるのは、資本主義社会というものが、最大限の利潤を目指して各人が競う社会であるからだ。各資本は、利潤をあげるために、より安いコストで、より安い賃金で生産しようとする。あるいは、競争の結果、過剰生産に陥り、利潤をあげることが出来ずに、倒産する。倒産すると、失業と、失業による貧困が生まれる。いずれにしろ、そのしわ寄せは、ぜんぶ労働者、勤労者に行くのだ。だから、社会主義の第1の基本は、生産手段の私有制の廃止である、*とマルクスはいう。

＊「共産主義者は、自分の理論を１つの表現に要約できる――すなわち、私的所有の廃止」。これは『共産主義者宣言』にある言葉だ。

❖――国家の死滅

政治支配というのは、富と経済的な権力を持っている人間たちが、自分たちの富＝財産と権益を守るために、国家権力を使って、政治的、あるいは文化的、思想的に、さまざまな人間の生活にわたるまで、支配することだ。政治とは、人間が人間をコントロールする力と技術である。

学校も、ただきたい人だけがきて、教えたい教師が教えるという、教育機関なのではない。１つの権力機構だ。そこは、学則や罰則もある「社会」だ。あなた方がどんなに叫ぼうと、単位を落とせば落第せざるをえない。あなた方がそのことを訴えたかったら、裁判所に訴える権利がある。そして、学校は、何よりも、社会の秩序を守る態度や考えを系統的に教え込む。

しかしいずれにしても、経済的な権力を持っている階級が、他の持たない階級を支配するために国家権力を使用するのが、政治支配の基本だ。この、人間支配の道具である国家は死滅しなければならない、＊とマルクスはいう。

＊国家は、階級支配の道具であり、その本質は、暴力装置――軍・警察・裁判所・監獄等――にある、ということを強調したのは、レーニンだ。『国家と革命』（1918）

❖――戦争の根絶

戦争はなぜ起こるのか。植民地主義を不可避とする帝国主義＊が、植民地の新たな再分割を求めて戦争を起こす。第1次世界大戦も、第2次世界大戦も、遅れて発達してきた帝国主義国（ドイツや日本）が、古い帝国主義（イギリスやフランス）が持っている植民地の再分割を求める、侵略（領土拡大）の戦争だ。したがって、植民地政策、ひいては、帝国主義がなくならない限り、戦争はなくならない。

＊帝国主義とは、「独占体と金融資本の支配が成立し、資本の輸出が顕著な意義を獲得し、国際トラストによる世界の分割が始まり、最大の資本主義諸国による地球の全領土の分割が完了した、という段階の資本主義である」、とレーニンはいう。『帝国主義論』（1916）

❖――宗教の廃止

思想信条、信仰の自由とは、人間の基本的人権だ、といわれる。ところが、社会主義は、宗教の廃止を主張する。どういう主張か。

宗教というものは、たしかに、心のよすが（安心立命）となる。けれども、それは現実がもっている矛盾とか、困難とかから目をそらして、幻想、つまり麻薬のコカインと同じような効力で、人々を痺れさせ、現実の解決を遠い彼方に追いやってしまう。むしろ、夢のなかで、あるいは心のなかで、あるいは死んだあと、人は平和を得るのだ、と説教する。だから、当然、宗教は、現実を変革する場合、大きな障害物になる。これは除去されなければならない。

マルクスは、宗教は人民の、貧しい人の「ため息」である、といった。しかし同時に、それは「阿片」なのだ、*ともいう。

＊宗教批判は、あらゆる批判の前提である、とマルクスはいう。そこから始まって、政治批判、経済批判にまで進み、トータルな人間解放を勝ちとらなければならない、という。「ヘーゲル法哲学批判序説」（1844）

総体として、資本・国家・戦争・宗教を生み出すのが、資本主義だ。したがって、資本主義の社会システムが根本的になくならない限りは、搾取、失業と貧困、政治抑圧、侵略、幻想はなくならない。これが、社会主義と共産主義の基本的な考え方だ。

それに対して、マルクスやエンゲルスをはじめとする社会主義者や共産主義者たちは、どういう理念を対置したのか。

4.1.2　共有制・合理的計画・プロレタリア独裁・革命戦争・科学

1。私有制に対置されたのは、国家的な、あるいは共同的な共有制だ。これで、経済的搾取がなくなり、平等が実現する、という。

資本主義に固有な、無政府的で、無計画な生産とか、消費でなくて、計画的な生産と計画的な消費に基づく効率的な経済運営が対置された。合理的計画経済である。これで、過剰生産による恐慌、失業がなくなる。

2。だが社会主義になったからといって、無政府主義がいうように、一挙に、国家権力はなくならない。そのために、過渡的な権力として、「プロレタリア独裁」が必要になる。プロレタリア独裁とは、多数者である勤労者が、少数者の所有者たち、資本家や地主たちを統制、支配する権力だ。したがってこれは、いずれは、多数者が少数者を支配するのだから、いずれ少数者がいなくなれば支配する必要がなくなるという意味で、国家を否定する権力、ということになる。国家は、かくして、自然と死滅していく。

3。社会主義は、戦争の根絶を求める。しかし、戦争一般を否定しない。人類が戦争から逃れるための戦争、革命・解放戦争は必要だ、という。戦争をなくするための戦争が、社会主義や共産主義が行なう「正義」の戦争*である。

＊社会主義革命は、敵権力との階級闘争に勝つための、解放戦争である。これが、共産主義の不動のテーゼである。「革命＝解放」＝戦争で、革命の輸出＝戦争が無条件に肯定される。

4。宗教には、事実を冷徹に見つめる科学を対置する。教団や教義は否定される。

このようにして、1、私有制では持つものがたくさん取り、持たないものは少ししか取らない、という不平等が原則だったが、共有制のもとでは、平等が原則になる。2、そして、合理的計画に基づく生産によって、生産力の増大を勝ち取り、貧困が追放される。3、同時に、国家権力はもはや必要でなくなるような状態まで、多数者支配がいきわたる。デモクラシーの進展だ。4、さらに、もはや戦争する相手がいなくなり、世界平和とか真理の勝利というものが実現する。

かくして、世界が共産主義化すれば、世界のなかに、支配と被支配、搾取と被搾取、戦勝と敗北、あるいはデマゴギー、嘘で固めて人を騙すという詐欺行為がなくなる。

これが、資本主義に対置した社会主義の理念だ*。その理念が実現する場が、世界共産主義と共同主義《コンミューン》である。社会主義は、地球上の多くの人たちの希望の星なのだ。これに反対し、否定する人はいるだろうか？　いない。ありえない。

＊マルクスは、社会主義や共産主義の理念像をほとんどリアルに語っていない。社会主義の理念は、資本主義の現実的矛盾を解決する運動の中でしか具体化しない、という思考も展開した、といってよい。

ところがロシア革命から70年、ないしは第2次大戦後45年余、世界の中で如実に明らかになったことがある。社会主義とか共産主義が、「共有制」のもとで、いったい何を実現したのか、という事実だ。

4.1.3　非生産性・官僚統制・共産党独裁・侵略戦争・国家哲学

驚くべき事実が「実現」したのだ。

❖──怠慢と非効率性

社会主義とか共産主義は、現実には、共有制のもとで、非生産性を生み出した。怠慢と非効率性だ。

1例。旧ソ連では、終始、物不足だった。だから、店の商品陳列棚の前に、昼日中、たくさんの人が並んだ。（崩壊後は、あまり並んでいないらしい。高くても物があるからだ。）物がないからというが、普段の労働時間に、老人や主婦ばかりでなく、勤労者もえんえんと並ぶ。つまり、仕事をサボタージュしているのだ。この社会では、ある人間たちは徹底してサボタージュしても、やっていけるということだ。つまり共有制のもとに実現した平等性の社会は、怠慢と非効率性、非生産性が、白昼堂々と闊歩したのだ。*

*旧ソ連では、2倍の過剰人員を抱えている工場、経営体は、ざらだった。低賃金、低効率、低労働意欲にならないほうがおかしいシステムだった。

❖——官僚統制

社会主義の合理的計画というのは、国家権力を実際に動かす官僚《テクノクラート》が上から中央管理するシステムだ。そこに特権階級が生まれる。実際に計画を立てそれを指令する人々は、その計画と実行の全体に対して、特権的地位にある。おのずと、消費・生産組合で、あるいは年金制度や大学進学等々で、直接に特別な恩恵を被むる特権階級が生まれる。旧ソ連では、この特権階級のことをノメンクラトゥーラ（赤い貴族）といって、数百万人という膨大な数にのぼった。*

＊旧ソ連では、6人に1人が、公務員、30人に1人が、特権階級であった。

❖――共産党独裁

社会主義社会は、共産党独裁だ。社会主義社会は、プロレタリアートを指導する共産党による1党独裁だ。＊したがって、共産党の政策、綱領や行動を批判、ないしは反対する人は、政治的な自由を否定される。一般的に、共産党は正しい、やることは合理的なんだから、政治的な自由や言論の自由を、反対する人間たちに与える必要はない、ということになる。ましてや、一般の人間たちに政治的な自由はまったく存在しない、ということになる。もちろん自由で公正な選挙もなかった。国民が政府に対して、ないしは共産党に対して批判の声をあげたり、デモを行なうなどということは、違法であり、処罰の対象になった。

＊政治、経済、文化、軍事等のいっさいが、共産党の中央、政治局、書記局、書記長、という一握りの意志と言動によって決定された。事実、共産党独裁ではない社会主義国家は、現実に存在しなかった。

❖——侵略戦争

しかも、世界平和のための革命戦争が、じつは領土を拡大したり、領土をめぐる紛争を処理するための侵略戦争であった。アフガニスタンとか、ベトナムとか、中国とソビエトの国境線をはさんだ対立と侵略戦争があった。旧ソ連がポーランドの一部やバルト三国を併合したり、フィンランドの土地や日本の北方領土を侵略・占有したりした。第2次世界大戦以降、領土を拡大したのは、唯一社会主義国だけであったという現実が、このことを如実に物語っている。

したがって、社会主義革命とは、戦争の輸出と植民地支配と不可分である、*というのが歴史経験なのだ。たとえば、東欧社会主義という。だが、それは、明々白々、旧ソ連の植民地であった。政府も、あるいは政治も、あるいは思想も、ソビエト共産党中央に反対するような勢力は、生存できなかった。これが、つい最近までの現実であったのだ。

＊社会主義国家は、総力戦の体制を、常に敷いていた。普通の国家が、そのような戦争国家に勝てるはずがない。しかし、かくも長く総力戦体制を敷いた国が、長続きするはずもない。社会主義国衰退の一因だ。

❖——マルクス・レーニン主義は、国家哲学である

マルクス・レーニン主義が唯一正しい科学とされた。だから、正しい科学＝真理に反対する

人々には、思想の自由、学問の自由、科学の自由は認められない。つまり、マルクス・レーニン主義という、唯一の国家哲学だけが存在することになった。

戦前の一時期、日本で、「皇国」史観（神武の建国等を含め、古事記・日本書紀の叙述を、歴史事実とする歴史観）を否定する、ないしは批判するような学説は、学問としても、単なる私的な意見としても、認められず、思想統制、学問統制、言論統制が存在した。このような条件のもとでは、批判的精神*、科学的冒険心は萎縮してしまう。

しかし、「皇国」史観とソ連の「マルクス・レーニン主義」では、その抑圧と弾圧の強度が、別物なほど異なる。

*マルクス自身も、他者の批判は激越だったが、自分に対する批判を許すという姿勢は、ほとんど持ち合わせていなかった。それあるか、小型マルクス、小型レーニンの群れが、マルクス主義者の主流を占めた。

社会主義は、宗教を否定するが、社会主義思想・理論が、宗教の教義と同じになる。マルクスの考え、レーニン、スターリン、その他諸々の指導者の意見が、「聖典」になったのだ。

4.2 社会主義の倫理

❖——社会主義の倫理は、人間の根本的な生命力を否定する

人間の生命力は、自然の生命力と違って、無制限な欲望を、「過剰」な生命力を発現する。これがわたしの人間哲学の第1テーゼだ。

「自然」の生命は、ある一定の環境に適応していく。適応できなければ死滅する。人間も自然の一員だが、環境に適応する、しないにかかわらず、環境のほうも人間に適応させようとする。だから、人間は、エコロジー（生態学）的存在ではなくて、生態系を超えてゆこうとする存在でもある。つまりは、とてもやっかいな存在なのだ。

例えば、戦争である。所有欲、領土拡大欲の所産だけではない。何か人間が自分たちで築き上げてきた文化とか富とかいうものを、一挙に破壊したいという、理屈が通らない「過剰」な生命力をもっていることから生まれる、といわざるをえない性格のものだ。古くさいものをぜんぶ押し潰したいというエネルギーとしかいいようのないものが、人間にはあるのだ。*

＊新しい世代が、古い世代と一線を画し、あるいは、否定したいのは、このエネルギーによる、とみなして

よい。でも、新しいものも、すぐ古くなる。否定・破壊の対象になる。これは知っておくべきだ。

あなた方の胸のうちには、老人たちは社会のくずである、という考えが存在するだろう。そういう風に考えてしまうのは、じつはあなた方の目が曇っているからなのではない。お年寄りは社会の宝だ、と考えている人のほうが、幾分、人間としてはちょっと偏向している、と考えたほうがいい。つまらんおっさんが、こんな所で喋っているのは生意気だ、ぶっ殺してやりたい、っていう目で（私を）見ているのは、同じように、正常なのだ。いい講義しているわ、なんて絶対に思わないし、思う必要もない。

国家のために命を捨てるんだ、などというのを、素晴らしい自己犠牲心だ、と賞賛する人がいる。例えば、カンボジアで死んだボランティアの中田さんは素晴らしい、という人については、私は大きな？　を付けてしまう。それを、本心でいっているのなら、おぞましいと思う。考えてみるといい。全員が、国家に命を捧げるような社会のことを、まともな社会と思えるだろうか？

国家に命を捧げる、ということが社会の原則になったら、いつでもどこでも好きなだけ、一銭五厘、今なら41円で、お前出頭しなさい、お前国家のために命を捨てなさい、といわれて、拒否できない社会になるのだ。こういう社会こそ、最悪の社会だ。そういう社会を避けるために、エゴイズムというものが社会の原理にならなければならない、と私はいう。

❖──人間の生命力は、コントロールがないと、暴走する

しかし、エゴイズムが行き過ぎると、社会全体がセルフ・コントロール力を失って、とんでもないことになるということも、もう1つの事実である。

だから、社会主義的・共同主義的な政策を、共同性の倫理を、私たちは必要とするのだ。これが、人類が長い時間をかけて学んだ知恵（倫理）である。しかも、つい最近やっと多くの人々が納得しだした、知恵なのだ。

別な言い方をしたら、こうなる。

マルクスが予言したように、資本主義がなぜ崩壊しなかったか。それは、資本主義が社会主義を学び、社会主義のシステムを取り入れたからだ。マルクスをもっともよく学んだのが資本主義であって、マルクスがいなければ、資本主義は、一時的にせよ、もうとっくにその生命力を萎えさせてしまっていたかもしれない。[*] 笑い話ではない。

16世紀から19世紀にかけ、たくさんのユートピア思想が生まれた。例えば、モア[*]のユートピアでは、羊が人間を食べてしまう。これはまったくのでたらめ話ではない。農地を囲いこんで羊を飼い、その土地から人間（小作）たちをぜんぶおっぽりだす。これが、イギリスの土地地主（領主）たちが、産業革命において一番最初にやった政策だ。人間がいなくなった社会、それが一番

平和だ、ということだ。

ユートピアとは、デトピア（＝逆ユートピアの社会）として実現してしまう、ということだ。資本主義も、同じ運命をたどったかもしれないのだ。ただし、資本主義はユートピアとなんと遠い社会であることか！　まともな社会だからだ。

＊社会主義の敗北は、だから、マルクスからもはや学ぶ必要がない、と語っているのではないのだ。
＊トーマス・モア『ユートピア』（１５１６）、正式の題名は、『社会の最善政体について、そしてユートピア新島についての楽しさに劣らず有益な黄金の小著』

4.2.1 無制限な欲望の充足を、エゴイズム＝非人間性として否定

❖——エゴイズムを断て

マルクスは、こう考えた。

エゴイズムとは、自分自身の無制限な欲望というものを実現したいと望み、実現しようとする。この無制限な欲望そのものも、行動それ自体も、許しがたい・非人間的なものだ。これは動物が

持っている野獣性と同じだ。だから、欲望それ自体を元から断たなければならない。ところで、無制限な欲望の発動に人間を駆り立てるものこそ、資本主義のシステムだ。最大の利潤を追求するために、相手を競争で蹴り倒しても＊、何とも思わない。そういう人間を生み出す資本主義を廃絶しなくてはならない、と。

＊受験競争は非人間的だという。しかし、「学力」という限定的な知識を賭けた競争を、人間総体の競争と取り違えるから、非人間的に思えるのだ。運動会で負けて腹が立つのと、受験競争で負けて腹が立つのを、等価とみなす視点が必要だ。違いは、体力と学力だ。もっとも学力も体力の一つだが。

私たちは、競争というものが存在する社会に生きている。競争で相手を蹴り倒すということが、実は、いくぶん快感だからやっちゃう、というところがある。これは非常に困る。また、私は競争は嫌だ、そんな社会に生きたくない、といっても、日本の社会の中でなら生きていける。しかし、エチオピアとか、ソマリアに行ったら、食べ物の取り合いをしなければ生きていけない。どんなに醜悪な態度だと思っても、並んで、一歩でも列の前に行かなければ、取りたい食べ物は手に取れないのだ。日本の社会のなかでは、競争がすごく激しいから、そしてその競争の結果生み出されるものの富がとても大きいから、別に競争しなくても、一人一人はかなりの程度、生きていける。実のところ、競争は嫌だといえるのは、競争社会の結果である。資本主義的競争のすくない社会では、競争が好きか嫌いかという、倫理的選択肢は存在しない、とみていい。

❖——「人間性」とは、類と個との統一である

明治時代から、日本は受験だけでなく生存競争がとてつもなく激しかった。だから、現在、その成果の上で、あまり競争を重大視しなくても生きていける社会になった。その逆ではない。私たちは、そんなにがつがつしなくても生きていけるところにいるのだ。

ところが、競争などということは、人間にあるまじき行為である。エゴイズムは非人間的だ。というふうに、日本の社会の中でも常にいわれてきた。したがって、人間性とは、類と個との同一性とか統一性である、*といわれる。簡単にいうと、全体のことを考えて個人のことを抑制する人間が、本当に人間的なのであって、個人のことをがつがつ言い行なう人間は、人間以前の人間、エゴイストとして非難され、罵倒される、ないしは打倒される。こういう行き方《マナー》が、共同制の倫理だ。

*マルクスは、自然主義＝人間主義＝共産主義という命題をたてる。そのうえで、私は、自然主義＝人間主義＝個人主義という。ちなみに、マルクスは徹底した、だれもがうんざりするほどの自惚れ屋のエゴイスト

だった。マルクスの見解は『経済学・哲学手稿』（国民文庫）参照。

❖――「人間」を否定する、「人間性」＝共同制の倫理

共同制の倫理は、別に社会主義に限ったことではない。日本の社会の中でこそ猛威を振るってきた。家族、村、会社、国家、天皇というような共同体の倫理が、個人の意識や生き方に優越するという伝統だ。

しかし、戦後、とりわけ60年代以降、根本的な変化が生じた。

例えば、成田空港のことだ。国際空港を、１９６０年代に、日本で初めて造ろうとした。しかし、30年経ってまだ、滑走路が２本しかない。なぜか。あとの２本の滑走路予定地の数軒が、自分の家の伝来の土地は売らない。死んでも売らない、と頑張っているからだ。国家の力でも、どんな暴力的な脅かしでも、個人の命であり、個人の財産であるものは、侵すべからざるものとされているのだ。だから、譲渡の判を押さないかぎり、立ち退きを強制できない社会なのだ。*

＊共同制倫理から個人倫理への移行の、革命的意義が分からなければ、戦後史を肯定的に理解できないだけでなく、現在の「若者」たちの言動を肯定的に理解できないだろう。

こういうことがまかりとおるのは、ものすごい国家的、社会的な損失だ。共同社会にとっての損失である。しかし、個人の生命と財産が、国家の力によって、あるいは社会全体の何かわけの分からない力によって、踏み潰されない、という社会の中に生きているということは、とてつもなくいいことだ、と思わなければならない。

私たちは、別に、成田空港のところで「抵抗」をしている農民たちがすごい、といってほめる必要はない。しかし、そういう「抵抗」が、当然の権利＝基本的人権として許されている社会に私たちはいる、ということだ。つまり、エゴイズムが基本的人権として尊重されている社会に、である。これは、とてつもなく凄い、ハイレベルなことなのだ。

社会主義の共同制倫理のもとでは、基本的人権は名ばかりで、個人の生命も財産も、ほとんど取るに足らないものとして、取り扱われてきた。まずこれを確認して欲しい。

4.2.2 人間は合理的に自己コントロールする存在であるべきだ

❖——理性の専制

人間は合理的に自己をコントロールする存在であるべきだ、と社会主義は考える。*

しかし、じつは私たちはエゴというものを、一人一人、自分の無制限な欲望というものを満足させようとして、一生懸命になるのだ。他人もまた、無制限な欲望をもっているわけだから、自分一個のことばかりに固執すると、衝突する。衝突すると、勝つ者と負ける者がでる。あるいは、勝とうとして亀裂が起こる。それが激しくなると、社会全体が機能麻痺に陥って、どうにもならなくなる。そういう麻痺を防ぐためのいわば調整役が、他でもない、「理性（合理）」なのだ。

理性は、社会を合理的なプランに基づいてコントロールする力ではなくて、社会がもっているさまざまな矛盾を、なんとかうまく調整する力だ。これが「ラチオ」で、もともとは、計算する・勘定する能力を意味する。

ところで、私たちは、何か素晴らしいプランに基づいて社会を建設しようとすると、間違ってしまう（とみなしたほうがいい）。社会にあるさまざまな矛盾というものとか、対立するものとか、軋轢とかいうものを、調整し、ある程度良くしていこう、もう少しまともなものに変えていこう、という力が現実的な理性なのだ。手持ちの金をうまく算段してやり繰りするのが、計算の力だ。錬金術のように、無から有を生み出すような計画をもとに、あれこれをしようとするのは、計算ではなくて、無謀というものだ。

だから、理性の力で、ばーんと社会を良くしていこうという場合で、よくいったことはないのが普通だ。正しいことを行なうんだから、正しい、それに反対するのは、間違っている、というのは理性の専制だ。論理が正しいんだから、それに従わなければならない、というのも理性の専制である。

＊社会主義の崩壊は、社会主義的倫理といわれたものが、ただの「建前」であり、エゴイズムが裸のまま闊歩するという縮図を露にした。日本の戦争期における「道義」や「倫理」が、やはり、建前であったことを、直截に批判した傑作評論集に、坂口安吾「堕落論」（１９４６）がある。

❖――理性をもった人間たち＝エリートたちの専制

理性をもった人間たちとは、エリートの別名だ。知識をもち、科学をもち、技術をもっている人間たちが、もたない人間たちを、いわばコントロールする。こういう社会が、社会主義の論理であると同時に、倫理である。したがって、真理とか、科学とか、正義とかをもった人間たちが、当然、社会のトップリーダーになって、そういう人々に、普通の人間（大衆）たちが従う。これが、合理的に計画された社会の構図だ。まさに理性のテロルだ*、といわなければならない。

＊フランス革命期におけるロベスピエールのテロルは、理性のテロルから生まれた。理性の前に一切は跪くべし、という理性教を創設したのである。理性＝真理が裁くテロルは、限りなく「正しい」ということになる。社会主義のテロルも、同じ構図をもった。

しかし、このようなエリートたちが支配する社会は、結構、恐い社会である。論理的に正しく、倫理的に正しいことに、反対したり、従わないということは、反論の余地なく、批判と、抑圧と、そして、犯罪さえの対象になる。そればかりか、論理的に正しく、倫理的に正しい人たち、すなわち、エリートたちの言動を、批判したり、反対したりする言動それ自体が、社会的に許されえない、ということになる。

正しい論理と倫理の前には、したがって、首を垂れ、服従するしかない、ということになる。

4.2.3 権力を否定する権力闘争、戦争をなくすための戦争に、史上初めて、「正義」の価値を付与した

❖ 権力の楽しさ

しかも、社会主義の倫理というものは、権力、相手を支配する権力の独占物であった。したがって、この倫理に対抗する、どんな反対パワーもない、ということを前提しているのだ。権力が、真理と倫理を独占する国家、それが、社会主義なのである。オールマイティの支配権力、といってよい。

人間は2人集まると、どちらかがどちらかをコントロールする。あなた方は、これから子供を育てることになるでしょう。女の方には是非、子供を育ててほしい。*子供を育てると、自分の遊

ぶ時間がなくなるとか、余分の金が必要になるとか、まだ青春を謳歌したいとか、仕事をするから子供を産まないとかいうのは、まったくもったいないことだ、というのが私の考えだ。どうしてか。

＊上野千鶴子は、産む性としての女性が、子供を産む快楽を捨てることはない、と主張した。すばらしい。さらに、子供を「支配」する快楽を捨てるなんて、もったいない、といってくれたら、もっとよかった。

子供は、生まれてから18歳くらいまで、ないしは13歳くらいまでは、まったく母親が自由にコントロール可能な存在だ。いってみれば、子どもは、母親にとって、オモチャである。こんな素敵なオモチャは他に絶対ない。自分の子供だけが、10年間以上も自分の自由になるのだ。美しいおべべを着せようが、泣くのを殴ろうが、どんなに醜くても、可愛いわ、と思おうと、自由なのだ。もちろん、その結果は後からつけがきて、回し蹴りにあったりして大変なことになることもある。しかし、これくらいいいものはないではないか。10年間も、母親の支配欲を満足させるものはないのだ。

亭主が浮気しようが、大酒を飲んで酔っぱらおうが、我慢できるというのは、母親の素晴らしい母性本能というよりも、母親の支配欲というか、人間のもっている奥深い支配欲である。＊しかし、人間は面白いもので、そういうものを表面化させないで生きている。そういうものは、じつはやばいものだから、隠して、恥ずべきものとして、露骨にしないのだ。私たちは、じつは、子をもつというのは、自分のものだ、玩具にできるからだとか、好きなときにボーンと投げだすことができるからだ、といわないで、ほんとうに可愛いんだから、といいつつ、自分の自由にすることができるからなのだ。

こういうふうに、人間が人間を支配するというのは、私たちの奥深い本能である。だが、それを、直截にやってはいけない、露骨にしてはならないいけないものとして、隠すのだ。つまり、密やかに楽しむのだ。

＊母親は、自分が産んだ、育てた子供を盾に、あるいは、手段にして、夫をコントロールできる。この効力=権力は、絶大だ。この快楽をも捨てようなんてするのは、本当に気が知れない、といってみたい。

❖――目的は手段を聖化する

ところが、社会主義は、権力を否定する権力闘争、戦争をなくするための戦争を、「正義」であるとみなす。絶対正しい戦争がある。絶対正しい権力がある。権力というものが、汚いもの、隠すべきもの、時にはおぞましいものである、という観念を完全に振り払った。

したがって、悪魔とでも手を握ることができる、という思想を初めて堂々と表現したのが、マルクス主義、ないしは社会主義なのだ。目的は手段を聖化する。目的さえ正しければ、どんな汚い手段を使ってもよし、どんな酷い手段を使ってもＯＫ、としたのだ。

例えば、ロシア革命だ。革命軍が、スモールヌイ宮殿を死守したときの話である。宮殿が、反乱軍に攻められる。守るべき砲台がない。その時、レーニンが指令をだす。

「兵士の死体で城壁を築いて戦車を通すな」だ。つまり、戦車に守備線を突破させないためには、兵士の死体を敷石にする他ない、と厳命したのだ。それが人道的か、そうでないかにかかわりなく、革命が勝利するためには、それしかない、したがって、それが正義である、*というのだ。

＊「聖戦」「皇軍」という、戦前日本軍が用いたキイ・ワードを思い起こすといい。社会主義革命と革命戦争は、このキイ・ワードを、錦の御旗にしただけでなく、「倫理」として徹底させたのだ。

❖敵の敵は味方

「目的は手段を聖化する」と同じ思想に、「敵の敵は味方だ」、というのがある。

「敵の敵は味方」、という思考は、正義（right）には関係ない。パワー・バランスの思考である。だから、どんなに正しい意見や行為でも、自分たちを批判する人間は、利敵行為を生むもの、反対者であって、抹殺してもよい、となる。

このような無茶な言動を、社会主義が、社会主義者が、臆面もなく行なうことができたのも、社会主義が、真理と正義を、論理と倫理を実現している、という思想が根本にあったからだ。

例えば、正面から対立していたスターリンとヒットラーとが、秘密に不可侵条約を結んだ。スターリンという人間とヒットラーという人間、ぜんぜん制度も、国家も、目的も違う社会が、お互いに、イギリスやフランスに勝つために、いわば悪魔の握手をしたのだ。「敵の敵は味方」というわけだ。*

＊ただし、スターリンも、ヒットラーも、「国家社会主義」を実行した、という点では、味方同士だといっていい。日本もまた、戦時下では、国家社会主義を実行したのだ、ということを忘れてはならない。ただし、スターリンのほうが、ヒットラーや東条英機より、より徹底した弾圧者だった。

❖――精神病院と強制収容所

しかも、自分たちは正義なんだ。自分たちの正義とか、思想とか、物の考え方とか、行動は正しい。それに反対する人間は、正しくまともな人間ではない。まともでない人間は、精神治療の対象だ。そんな人間は、どこか物質的な面、脳に障害がある。だから、ロボトミー*という、精神病院で、頭蓋骨の切開手術をやって、「病巣」を取り出す必要がある、とした。

＊映画「猿の惑星」（1968〜）は、核戦争後の社会という設定で、猿が地球を支配している世界だ。人間が進化して猿になった、という進化論が唱えられている。ところが、宇宙から帰還した人間が、捕まり、言葉をしゃべるのだ。これは、明白な進化論の否定になる。そんなことはあってはならない。それで、この人間に、ロボトミー手術をして、言語機能を除去しようとする。「猿の惑星」は、近未来フィクションではなかったのだ。

それから、社会主義に対して批判したり、反対したり、あるいは少しでも政治的なコントロールをチェックする人に対しては、社会主義を否定する怠慢分子、破壊分子だ、といって「強制収容所《ラーゲリ》」に入れた。強制収容所とは、強制労働収容所のことで＊、ソ連で、1920年代から86年に廃止されるまで、数千万にのぼる人が収容された、といわれる。

＊シベリア地方を中心に、各地に点在し、ナチの強制収容所と、まったく同じ目的と機能をもっていた。

精神病院とか強制収容所は、社会主義社会にとって不都合な人間を、屑である、あってはならない存在である、として、「正義」の名目の下に断罪したのだ。

自由で平等で豊かで平和である社会を目指した社会主義が、抑圧と特権と貧困と戦争が大手を振って歩く社会として実現した。素晴らしい理念のもとに、最もおぞましい、望むべくもない社会が出現する。これは、はたして偶然なのか。

そうではない、と私は断じたい。

❖ 裸のエゴイズム

社会主義の崩壊を目の前にして、資本主義が社会主義に勝った、といわれる。しかし、繰り返しになるが、それはこういう理由からなのだ。

人間のナチュラルな生命力に叶ったシステムが、どんなに素晴らしいシステムであっても、人間の生命力に適合していないシステムに勝るのは、当然《ナチュラル》なことだ。人間の身に合わないシステムを造ろうとしても、それをどんなに強力に推し進めようとしても無理だし、その結果は、とてつもない悲惨を生み出す。

社会主義政治経済システムが崩壊したとはいえ、ロシアは、いまなお、社会主義でないが、資本主義でもない、といわざるをえない。とりわけ崩壊時だ。

ロシアの人たちは、自分たちの命とか、財産とか、食料とかを確保するために、敗戦時の日本人と変わらない、ないしはもっと凄いことをやっている。生き延びるためには、「平気」で、あるいはいやも応もなく、エゴイズム丸出しの言動に走った。だが、これは、ロシアが、ごく普通の国になるべく、新しいスタートを切った、ということなのだ。

ただし、現在もなお、ロシア人と商売《ビジネス》をするときは、気をつけたほうがいい。「契約」観念とか、あるいはお互いの「道義」、約束を守るとかいう観念はぜんぜんない。まったくの裸のエゴイストになっているからだ。* 人間は、裸のエゴイストではない。人間は、自分のエゴイズムを実現するためには、相手のエゴも尊重するという仕方《マナー》を、強調する必要（必然）がある、という「知恵」を働かす。それが、道徳であり、倫理の根本にあるものだ。

＊旧東欧社会主義国には、資本主義の経験や記憶がある。しかし、ロシアには資本主義の経験はおろか、記憶さえない、といわれる。政治、経済、文化はもとより、人間＝一人一人が生きる基本的な「倫理」の訓練がない、ということだ。これは、知っておくべきことだ。

だが、このような形で社会主義は実現し、かつ、崩壊したけれども、もはや、社会主義にいっさいの可能性がない、といえるのか？　こう問い直してみなければならない。

4.3 社会主義の可能性

❖——社会主義は、資本主義に接ぎ木されて、はじめて、生命力を発揮できる

社会主義に可能性はないのか。ある、といってみたい。社会主義は、マルクスがいうような、資本主義を根本的に否定するような社会システムではない。資本主義に接ぎ木されて、初めて、生命力を発揮できるシステムなのだ。だから、資本主義と断絶してあるのではなく、連続しているシステムである。あるいは、補助的な、副次的なシステムである、といっていい。*

*社会主義、共産主義は、資本主義とは異なる社会構成体である、というのが、マルクスの、マルクス主義の基本的考え方だ。この意味での社会主義の可能性はない、というのが私の考えだ。あるいは、社会主義は、資本主義から共産主義への過渡期である、というマルクスの、マルクス主義の考えがある。社会主義は、資本主義と共産主義の「混合体」である、という。この見解も、私は、採用できない。

4.3.1 無制限な欲望を、人間に固有な生命力として肯定する

人間の過剰な生命力を、肯定し、可能なかぎり拡張しようとするシステムこそ、最も人間にとって望ましいシステムである。人間の生命力を、正面から肯定する経済システムが、資本主義である。政治システムがデモクラシーである。だから、資本主義とデモクラシーに適合して生きる人間の営みを、ナチュラルなものとして根本的に肯定する思考と行動が、倫理の基本にならなければならない。

マルクス主義的社会主義は、この人間の欲望の無制限な発動を、資本主義とデモクラシーという社会システムが生み出すものを、非人間的な疎外物とみなす。したがって、資本主義とデモクラシーは、まずもって、廃棄されるべきもの、人間の過剰な生命力は、非人間的な、非合理的なものとして破棄されるべきもの、とされるのだ。

このような社会観、人間観から決別することなしに、人間の倫理について、正面から語ることは出来ない。このことを、あらためて確認しよう。

4.3.2　合理的な統制＝理性は、欲望の無制限な発動がもたらす亀裂・摩擦・格差を調整する、事後的な力である

❖――階級社会の怖さ

自由競争の社会は、能力のある人が勝って、能力のない人は負ける。弱肉強食、自然淘汰である、というふうに社会が進むと、べた勝ちとべた負けがあらわになる。おぞましい社会で、負けっぱなしの人間、負けっぱなしの社会集団からは、憎悪がうまれ、嫉妬が生まれ、反乱が生まれ、結果、社会は無秩序になる。19世紀、マルクスが眼前にした社会は、まさに、そのような社会であった。*

*いうまでもないが、社会が、富と権力と文化を独占する階級と、そうでない階級に分かれて、対立と闘争を繰り返してきたという、階級闘争歴史観は、マルクスが発見したものではない。例えば、フランス革命を先導したといわれるシェイエス『第三身分とは何か』（岩波文庫）を参照せよ。

19世紀に例を求める必要は、かならずしもない。例えば、アメリカだ。そこにあるのは、階級社会である。いまだ階級的憎悪が燻っている社会だ。だから、アメリカの普通の顔をした人々が、

何か事があれば、ちょっと金を持っている朝鮮人街とか、中国人街とか、黒人街になだれ込んで、破壊、物取り、殺人を犯す、というようなことが頻繁に起こるのだ。（この逆も然りだ。）こういう嫉妬や憎悪が、つねに燻っていて、ほんのちょっとした機会に、大きく燃え上がるのは、べた負けのシステムを温存させているからだ。住むところも、学校も、富も財産も、政治的な権利もほとんどなくて、次はホームレスになるしかない、という状態に、大量の負け組が陥っているからだ。

だから、資本主義というのは、一歩間違うと、とんでもないことになる。マルクスが資本主義を分析した結果や、その結果に基づいておこなった予言は、特別に間違っていたのではない。マルクスが予言した解決策が間違っていたのだ。ここのところを取り違えたくない。

❖――資本主義が、社会主義システムを導入する

ただし、資本主義が生命力を永らえることができたのは、資本主義がもっている生命力というものを野放のままにしておかないために、社会主義的なシステム（セーフティ・ネット）を導入したからこそなのだ。

もう少しいうと、マルクスが予言したように、資本主義がなぜ崩壊しなかったか、というと、資本主義が社会主義を学び、社会主義のシステムを取り入れたからだ。マルクスをもっともよく

学んだのが、資本主義であって、* マルクスがいなければ、資本主義はもうとっくにその生命力を終えていたかもしれない。少なくとも、衰弱していただろう。

＊人間は、敗北からいちばん多くのものを学ぶ。あるいは、敵からもっとも貴重なものを学ぶ、と言い換えてもよい。だから、社会主義の崩壊から学ばない社会主義者、マルクス主義者とは、存在価値を失なった存在だ、といわざるをえない。

4.3.3 社会主義は、資本主義の危機管理システムとして生き永らえる

❖——資本主義の臨界点としての社会主義

だから、社会主義はなくなるのではない。むしろ、社会主義は、現在のような国家とか資本主義とは別な社会として存在するのではなく、資本主義の危機管理システムとして存続するのだ。

社会主義とは何か？　新しく定義をすれば、「資本主義の臨界点としての社会主義」* (socialism as a critical point of capitalism）である。

＊「資本主義の臨界点としての社会主義」というのは、私の造語だ。詳しくは、『いま社会主義を考える』（三一新書　1991）を参照。

〈critical point〉とは、「危機点」である。資本主義が、自由放任のままにまかしておけば、それが亀裂、摩擦、対立、崩壊の危機に瀕する状態を、いわば管理する、コントロールするシステムを資本主義はもっていなければ、資本主義は生き永らえない、ということだ。こういうものをもった社会が、戦後日本資本主義だ（、といえる）。

❖――日本資本主義の「勝利」は、社会主義に負っている

日本資本主義は、アメリカに「勝利」した。日本資本主義が世界の最強になった。世界で、べた勝ちである。これはとんだ錯誤か？

93年7月、サミット＊が開かれた。日本以外の国はすべて実質成長率はマイナスだ。日本も大変だが、それでも実質成長率は1％くらいで、インフレがない。失業率は、日本だけが2％台で、他の国は10％以上である。日本が不況の中にいても、まだ日本はゼロ成長になっていない状況にいる。この日本資本主義の勝利というのは、実は、日本が戦後、社会主義的システムをうまく取り入れたからだ。ケインズ主義と、人々はいっているが、必ずしもそう考える必要はない。つま

り、会社では集団主義、あるいは家族主義、学校では校則を（ある程度）守る。それらは、個人の自由を完全に否定するわけではない。会社のために個人が死ぬわけでもない。燃え尽き症候群といって、仕事をして死んでしまう人がいる。しかしそれは止めようと思えば自分で止めることができる。会社が要求してもそれを突っぱねれば、別に地位が上がるとか、会社が儲かるかどうか、ということを除外してかかれば、それを突っぱねることができる社会に私たちはいる。突っぱねれば、国家反逆罪で強制収容所に入れられる、という社会に私たちは生きていない。日本的な集団主義、日本的な経営、日本的な家族制度、日本的な教育制度、というふうにいわれているものが、実は、社会主義的なシステムをうまく取り入れてきた結果でもあるのだ。

＊サミット＝頂上、主要先進国首脳会議で、米・英・仏・独・伊・加・日の7カ国で構成される。

❖資本主義の「衰退」は、同じように、社会主義システムの強化によってもたらされる

ところが、社会主義システムがこれまで以上に行き過ぎると、日本の資本主義は、確実に、「衰退」していく、と予測できる。日本の「勝利」は、実は日本の敗北の始まりである、ということだ。

あなた方が、自分が失業すると失業保険が欲しい、医療保健がもっと欲しい、税金をもっとま

けて欲しい、消費税をうんとまけて欲しい、と要求する（だろう）。もちろん、当然だ。それは、私たちが、自分たちの生活をより豊かに、より自由に生きていくための当然な要求である。

しかし、そのことは、国家に、より大きな負担を要求することなのだ。そして、それは、国家への依存を、さらには国家の統制を強めることにもなる。もちろん、社会主義的な政策のための費用は、国家支出という形を取るが、もともとは、国民一人一人の財布からでたものだ。

例えば、自分のゴミは自分で処理する。なるべくなら行政の力を借りない、ということが必要だ。ところが、ゴミ収集を、ゴミ業者に頼ると金がかかる。金がかからないように、議会（議員）を動かし、さらには役所（官吏）を動かし、政府（大臣）に頼ると、どうなるか。ただになる。しかし、行政サービスに頼ることを続けてゆくと、社会主義的な力、行政的なコントロールが強まってゆく。農業でも、あるいは産業でも、あるいは大学でも、同じことが起こっている。

札幌大学は、現在、5千5百人の学生がいる。慶応大学は、3万人いる。実は、慶応大学に行きたい人はたくさんいるが、慶応大学の学生定員では、それ以上取れないのだ。札幌大学は5千5百人取れる。これは、定員枠が各大学で決まっているからだ。慶応に行けない人は、行きたくもない札幌大学に来る、ということになる。それで、慶応大学と札幌大学の授業料はあまり変わらないのだ。教授は、札幌大学が劣っているかどうか分からないけれど、一応劣っているとしたら、そのうえ、社会的な評価も劣っているとしたら、授業料の格差があっても当然だ。しかし、ぜんぜん格差がなくても不都合でないということになっている。なぜか。

実は、文部省（国家）が、大学というものをうまく管理して、権利をちゃんと配分しているからなのだ。大学の国家管理と保護・助成政策は一体なのだ。こういう管理と保護、すなわち、社会主義が行きわたって、強くなりすぎると、自由競争の力、資本主義がもっている生命力を失ってくる。* 私たちが、自分の幸福のために一生懸命努力するという姿勢が失われてくるのだ。

＊大学は、社会主義共同体である。いちばん制度改革の遅れたところだ。詳しくは、拙編著『大学は変わります』（青弓社　１９９３）を参照されたい。

❖――社会主義とは、一つの知恵だ

したがって、倫理というのは、人間の過剰な生命力を拡大するようにしながら、同時に、無制限な行き過ぎを、一定程度（いくぶん）コントロールする知恵というくらいに思っていたほうがいい。その知恵にはたくさんのものがある。社会主義も、その知恵の一つだ。

だから、社会主義が、資本主義とは違うものであったり、資本主義を根本的に変えたり、あるいは資本主義を非常に大きくコントロールする力になったりすると、資本主義の生命力、私たち個々人の生命力を阻害するものに転化するのだ。

社会主義を、「終わった」ものとしてだけでなく、「現在ある」もの、「未来に続くもの」として考えようとすると、以上のような結論になる。

5 消費資本主義の倫理

１９７０年代、資本主義はポスト（後期）資本主義に突入した、社会主義の崩壊と踵を接するように、90年代、消費資本主義社会に突入した。その指標は、グローバリズム（単一の世界市場主義）、情報社会（コンピュータで結ばれた世界網）、高度大衆社会（後期デモクラシイ）、高度教育社会等である。

最も重要なのは、先進資本主義国で、消費＝地球＝大衆＝知識が人間社会を駆動させる根本因になったことだ。

❖生産・労働と消費・浪費

近代社会は、生産と労働を中心とするシステムと価値（倫理）の社会であった。生産と労働を「善・徳」と見なし、消費や浪費を「悪・背徳」とみなす。だが、１９８０年代以降、先進諸国においては、生産や労働よりも、消費や遊び（浪費）を中心とする価値社会に転換していった。こう断言していい。

生産・労働中心の価値社会＝社会主義が崩壊する歴史的必然が、80年代に意識されだしたのは、偶然ではない。社会主義の崩壊は、ソ連やチャイナの政策の誤りではなく、人類がはじめて高度資本主義＝消費資本主義＝消費中心社会に到達したからでもあった。

軍事力の強大化で、レーガンのアメリカが、ソ連を封じ込め、社会主義を崩壊に導いた、という見方は、この資本主義の高度化を見落とす一面化だ。

❖——「現在」は消費資本主義——吉本隆明

近代資本主義も社会主義も、生産＝労働中心主義である点で変わりがない。社会主義には「消費」の概念さえなく、「消費」で意味あるのは生産的消費にかぎった。ともに、生産と労働と節約は美徳で、消費と怠惰（非労働）と浪費は悪徳とみなされた。

ところが吉本隆明が見事に要約したように、資本主義が新しい段階に到達したのだ。高度資本《ポスト》主義というような中途半端で曖昧な概念では明確につかまえることのできない、「概念」を要求する段階である。

《「現代」と「現在」を区別してみることは、ぼくのかんがえ方ではたいへん重要だとおもいます。

まず第一に、消費社会といわれるばあいの「消費」でそれを区別してみたいとおもいます。消費社会と呼ぶにはふたつの条件がいります。この条件が充たされていたら「現在」と呼んだらいいとおもいます。

いちばんわかりやすいので個人をとってくると、平均的な個人の所得のうちで50%以上を消費に充てていることが、「現在」のひとつの条件です。

それからもうひとつ条件があります。

消費はおおきく分けてふたつ、必需消費と選択消費があります、「現在」のもうひとつの条件は、消費のうち選択的な消費が50%を超えていることです。このふたつの条件をそなえている社会は「現在」に入っているとするのが、いちばん普遍的でわかりやすいとおもいます。いまの世界でこの条件を充たしている社会はアメリカ・日本、それからかろうじて西欧社会です。》(「現代を読む」平3年講演『大情況論』弓立社　1992)

吉本は「現在」を「消費資本主義」と概念化する(明確につかまえる)。

日本で、片稼ぎの夫婦で必需消費(生存するに必須な消費)を選択消費が「上回った」のは、1988年で、ちょうどバブルの絶頂期だ。そして消費資本主義に「入る兆候」が現れたのは、高度成長期が終わった1973年*であった、と吉本は明記する。

＊73年、「水」（ミネラルウォーター）が売り出された。「水」はタダではなくなったのだ。

❖――資本主義の「堕落」か？

日本資本主義は、その15年後には、選択消費＝浪費対象をより多く生産する段階に入った。つまりは、消費資本主義は、選択消費対象を恒常的かつ過剰に生産しなければ、つまり、消費者がその対象を恒常的に消費＝浪費してゆかなければ、「正常」に存続できない、という段階に到達したのだ。

たとえば、個人消費が60％を超す場合、もし選択消費を5％節約したら、GDP（国内総生産＝消費）が3％程度低下してしまう。「現在」はこういう社会に入ったのだ。「もったいない」といって財布のヒモを強く結んだら、ただちに「不況《リセッション》」がやってくる時代にだ。

ここで重要なのは、吉本もいうように、消費資本主義は避けることも、逆戻りすることもできない過程であるということだ。

したがって、消費資本主義では浪費が、遊びが特別で貴重な「価値」を帯びてくる。少なくとも悪徳という非難を浴びなくなる。それが特殊少数者の「特権」や「逸脱」「奢侈」ではなく、大衆（多数者）の享受（消費）の対象になるからだ。浪費や遊びは、生産や労働の「残余」ではなく、それ自体が人間にとって不可避な自立した活動とみなされるようになる。浪費と遊びの時間、遊楽施設、サービスそれに学習が企業や個人の重要な活動部門となる。

人間と人間社会にとって必需でないものを生産し消費する社会なんて、そういう社会に生きなければならない人間なんて、下らなく（worthless）腐った（spoil）、真（truth）と実（reality）の欠落した、偽（falsehood）と虚（fiction）に満ちているんじゃないのか？ こう反問されるかもしれない。否だ。

5.1 浪費が人間の本性だ

人間は自然（の欲望）を超えた存在である。なぜか？ 人間は言葉をもったからだ。言葉とは、いまここにないもの・いまだかつてどこにもなかったものを喚起することができる、正真正銘の創造する力の根源だ。人間が実現不能な夢をもち、それに向かって邁進するのは、あるいは悪夢に促されて大惨事を招くのも、過剰な欲望を発動させる言葉の力である。

言葉とは人間の第二の本性である。言葉をもつことで、人間は過剰な欲望を無制限に発動させる存在になったのだ。ここに、人間本性論の基本原理がある。

❖生産と労働は手段だ

しかも、生産は何のためにあるのか? 生産は手段であり、その目的は消費なのだ。拡大再生産は拡大消費のためにある。消費が、過剰な消費＝選択消費＝浪費が、生産の目的・大目的なのだ。

この事情は「利潤」をめざす資本主義であろうと、「利潤」をめざさない社会主義であろうと、変わらない。消費資本主義は、過剰な消費＝選択消費＝浪費に適合した生産を実現できないと、痙攣し、停滞し、衰退する。消費者という国民大衆に捨てられる。これが資本主義のリミットであり、消費資本主義の原理だ。

もちろん、消費資本主義で、生産や労働や節約が破棄され、価値ないものとされるわけではない。逆だ。

❖高度な生産と高度な労働

生産は、より高度で効率なしたがってエコノミカルな生産が要求される。高質で・個性的で・気まぐれに変化する消費者の選好に適ったものの生産が要求される。

消費資本主義の前段階である高度成長期のような、作り手・売り手主導の大量生産・大量消費が基本ではない。したがって消費資本主義の一般的傾向は、ハイクオリティ・ロープライスだ。「価格破壊」だ。同時にハイクオリティ・ハイプライスが求められる。「稀少性」だ。これらを、特権的な少数者が求めるのではない。大衆が求めるのだ。したがって、生産には省力と省エネを可能にする技術革新とともにデザイン性に優れた個性的な創造力が要求される。そのための過剰な投資とクリエイティブな人材が要求される。消費資本主義の生産は、この意味で、一方では本来の意味の「節約《エコノミー》」を強いる性向をもつ。

❖──社会主義社会のステージが消えた

以上を要約すれば、消費資本主義こそ人間の本性により適った社会ということである。消費資本主義の出現によって、「消費」を人間の本源的＝本性的活動とみなさない、社会主義（強制労働）*が最終的に振り捨てられた理由も判然する。社会主義がどんなに美しい理想を掲げても、過剰な欲望を大文字で肯定しない社会に、人間はすみたくないし、すめないのだ。社会主義の完成体に人間はいない。こう思って間違いない。ユートピア（どこにもない・誰もすめない場所）であるというゆえんだ。

消費資本主義の登場が社会主義の衰退と踵を接していることの意味を、再々度確認すべきだ。

＊「強制労働収容所」は、社会主義にとって、レーニンやスターリンが案出した、偶然の産物ではない。強

制労働社会は社会主義の本質なのだ。ナチス（ドイツ国家社会主義）の強制収容所（アウシュビッツ）の「門」に架けられたのは、〈ARBEIT MACHT FREI〉（働けば自由になる）という文字抜き鉄板であった。

5.2「バブル」と崩壊

1988年、日本は消費資本主義に本格突入した。同時にこの時期は「バブル」期である。日本はおらが春を迎えた。日本中が（といったらいささか大げさに聞こえるだろうが）浮かれた。札束がとんだ。遊興街はどこもかしこも満員になった。

しかしよくよく観察してみたらわかるが、すでに社会は「デフレ」基調になっていたのだ。ここにバブル期を解く鍵がある。

意外と思うかもしれないが、「デフレ時代の開幕」を唱え、デフレ論を展開したのが長谷川慶太郎*だ。1986年のことだ（『日本はこう変わる』徳間書店）。バブルのまっただなかだ。

＊「バブル」を煽った長谷川は、85年を境に世界はデフレ基調に変わった。もの（財）はもつな、「土地神話」はいずれ崩壊する、と強調していた。

❖ 円高、金利引き下げ

バブルを総括的に叙述した論者はいない。それで簡単にせよ描写してみよう。

昭和が終わり平成に移る大変動期に、夢のような「幕間」があった。「夢のような」といったが、「悪夢」の記憶をいまだに引きずっている人も多いだろう。なぜ夢のようであり、悪夢のような記憶なのか？

最初になぜバブルが発生したか、である。この問いに正解をもって答えることはできない。以下は推測にすぎない。頼りないと思うかもしれないが、歴史認識とはおよそこの類のものだ。

1985年9月、ニューヨークのプラザ・ホテルで5カ国蔵相会議が開かれた。決まったのが「ドル安・円高」へのシフトで、一名、「プラザ合意」といわれる。結果、当時1ドル240円台だった円の為替相場が、1年半後には、150円を割る。この円高ショックを、日本の企業はまたもや親企業から下請け企業まで一丸となってリストラを進め、乗り切り、87年、景気上昇期を迎えようとしていた。ちょうどそのとき、円高対策で後手後手に回っていた日銀が、公定歩合を2・5パーセントに下げた。金利引き下げと政府の財政出動が重なり、（札）がどっと市中に出回る。

企業は、景気上昇を踏まえ、将来の拡大に備えて、銀行融資等による余裕のできた資金を設備投資と人材大量確保に回す。さらに余剰資金を株に回す。まず株価が上がる。さらに土地に回す。地価が上がる。銀行も、株投資や土地建物購入にドンドン融資するだけでなく、自分も「投機」に乗り出してゆく。投資家もこれに続き、ついに株価が、昭和の終わる年には3万円を超え、4万円を窺う勢いになった。土地高騰も、都内で1坪1億円などという高値で売買されるケースが現れた。

政府にも、地方自治体にも、土地譲渡所得税をはじめ、膨大な税収入がはいる。その税金が、たとえば、各地で公共美術館に化け、巨匠から無名までの絵画に化ける。絵画は美の対象ではなく、投資の対象になる。ゴルフ場やリゾート地をはじめとする各種会員権が、高額投機の対象になる。

日本全国の繁華街、歓楽街、観光地に、公といわず私といわず、金を懐にした客が押し寄せ、超満員を呈する。原野が、山林が、開発と高額売買を見込んで、買収される。

日本史上空前の好景気だ。公も民間企業も、そして個人も、バブルの時代、「損」をした人はいなかった、というのが事実だった？

❖——バブルつぶし——「総量規制」

とはいえ「バブル」はいずれ潰れる。その残す被害も甚大だ。だが、重要なのは潰すことではない。最善なのはじょじょに萎ませてゆくことで、ソフトランディングだ。

ところが、（ここからは昭和史の限界を超えるが）1990年（平成2）4月、大蔵省の一片の「通達」（総量規制＝融資残高規制）でバブルは一気に潰れてゆく。名目は「投機的な土地取引」を規制する、だ。つまり銀行がノンバンクを経由して不動産向けに迂回融資する残高を規制した。とたんに資金が回ってこなくなった不動産業者は、買収した物件を抱えたまま、倒産に追い込まれ、不動産業者に大量の資金を回していたノンバンク、ひいてはその親銀行が、融資の回収不能になる。

資金がまわらない。不動産売買は、買い手がいなくなり、停止し、またたくまに土地価格が暴落する。高騰した株価は、景気の悪い会社はもとより、景気のいい会社の株も売りが加速化し、あっという間に株価が暴落した。

しかも、土地、株、債券以外はデフレである。価格下落の時代だ。土地と株価にからんでバブル時代に投機の対象になり、高騰したすべてのものがまるごと暴落した。

大蔵省の一官僚が出した「通達」が、金融危機を産み、長い長い平成不況の火付け役を演じるなどと、誰が予想しただろうか？　「失政」の極みといっていい。

「バブル」は「異常」だ。経済的発展の正常な進行の妨げになる。これは「正論」だ。が、人間の本性を理解しない愚論だ。大英帝国もアメリカ資本主義も、一度は世界の富を自らのもとにひきつけて、「バブル」をてこに、政治経済ばかりでなく、文化的、知的発展をやりとげた。こちらが好ましい、人間とその社会の本性に適った歴史経緯だ。日本はこの絶好のチャンスを逸したのだ。このことを記憶に刻み込んでおきたい。

5.3 消費社会の倫理

20世紀末、すでに消費資本主義＝中心社会の進行中だ。ところが日本でバブルが崩壊した。「価格破壊」とりわけ「賃金破壊」の時代に入った。新卒を含め、賃金労働者の「苦難」の時代だ。

「バブル」は、「狂躁」であり「狂乱」だ。特に本来の生産や勤労を忘れ、消費や浪費に憂き身をやつす、「物欲」に狂った人間のステージだ。ようやく、その「狂」から目覚め、人間が「自然」と調和する正常なステージが戻った。

90年代は、「失われた10年」などと、マイナスイメージで語られる一方、「もったいない」の時代、「清貧の思想」を時代の標語として掲げる流れが生まれた。

❖──「清貧」の思想

「バブル」の崩壊を受けて評判になった標語、「もったいない」と「清貧の思想」は、同じ方向性をもった標語のように受け取られた。だが、その主張は、正反対だ。

ベストセラーになった中野幸次『清貧の思想』(1992)は、人間の生き方を「精神性」の高さに求め、西行、兼好、芭蕉などの「風雅」に、その生き方のモデルを求めた。バブルが、土地と株の「投機」に憂き身をやつし、その儲けを虚飾や遊興に浪費する生き方に、「ノン」を突きつけた。それは「濁」に対して「清」を対置する清冽で「ゆとり」ある生き方への招待であると同時に、財に「ゆとり」ある人々に可能な生き方への案内でもあった。一種の現実逃避型人生論であった。

対して、「もったいない」である。

世界環境会議「グローブ'92」で絶賛された、会社「木の城たいせつ」がかかげた標語だ。地域で循環型企業経営を試みる、「木」のすべてを活用し、100年もつ「家」の建設を標榜した。ここで「もったいない」*とは、wastefulで、「浪費する」ではなく、「あたら惜しい」で、有効利用・再利用・再生利用という肯定的意味で、「無駄にしない」だ。

ただし、この標語を実践した「木の城たいせつ」は、戦時中の標語、鍋、釜まで拠出させた、「欲しがりません、勝つまでは」(大政翼賛会宣伝部)に通じる、従業員や関連会社に対して、

「もったいない」（安上がり）を強いる企業であった。

＊木の城たいせつの社長、山口昭『もったいない』（１９９４）が評判になった。だが、再生不可能になり、２００８年倒産した。

❖──「投機」の時代──自己投資・開発

消費資本主義は、「投資」資本主義、端的には「投機」資本主義だ。長谷川がいうように、《「財テク」で儲けようと、本業で利益を上げようと、一万円札は一万円である。この割り切り方に徹することのできる人だけが、これからの企業経営者である。》《デフレ時代は、同時に「低金利時代」でもある。伝統的な金融資産形成の方法であった預貯金依存が通じる時代は完全に終わって、これからは「投機」の成功を通じてのみ個人資産の形成が可能になる。》（『「投機」の時代』１９８７）

もちろん、この時代、企業・経営者と家庭・個人とをとわず、成功者と失敗者とのすさまじい格差が、日常、不断に連続して発生し、めまぐるしい社会構成の変動が生まれる。

この時代、旧来の生活習慣や発想で生きようとする人は、生活の安定を確保できるどころか、むしろ一段と落ちこぼれ、社会的な「弱者」の地位に追い込まれていく。「投機」とは、教育や訓練に「自己投資」して自己開発する人生選択でもある。

市場経済、貨幣を媒介にものを売り買いすること自体が、投機そのものだ。投機家とは、生産者や消費者に対立する存在ではない。生産し消費するすべての人間のことをさす。

ただし、市場経済で、「投機」（specLation　投企＝前もって投じる＝思弁）はつねに「危機（crisis）」を内包する。消費資本主義は、生産・消費・情報がグローバル化すればするほど、金融、通貨、市場をめぐる危機が顕在化する。「ハイリターン・ハイリスク」（高利益・高危険）だ。企業も個人も、危機と好機が、成功と失敗が交差する時代だ。

資本主義＝市場経済の本質は「投機」である。１９８０年代から世界も日本も、全面的な投機（投資）資本主義の時代に入った。倫理学で脇におかれ続けてきた「消費」や「浪費」の価値が、問い直される時代だ。倫理の基準はめまぐるしく転換する。でも、怖れる必要はない。それが人間（社会）の本性に叶った社会が到来するのだから。

❖自立・自尊の生き方

社会主義的政策、扶助（help）の社会ネットワークの必要が強まれば強まるほど、「寄生」と「従属」のモラルではなく、個人、会社、地域、国家も、「私立活計」（福沢諭吉）、「自助」（スマイルズ）、「独立」と「自尊」の行き方（ゴーイング・マイ・ウェイ）の倫理が要求される。

福沢は「人間」平等とデモクラシーと説いた、日本の先駆者だ。その福沢が、喝破する。勤勉（busy work ＝ industry）であれ。ならば、個人、団体、国家にかかわらず、富・貴・賢に、ならずば、貧・賤・鈍になる、と。これこそ、資本主義近代だけでなく、まさに高度＝消費資本主義の神髄ではないだろうか。食も衣も住も、寄生・従属して生きるのが、消費資本主義のマナーではない。その正反対だ。自立が自尊の必須条件で、その逆ではない。

あとがき

1　倫理学講義といいながら、議論のほとんどは、経済（資本主義）と政治（デモクラシー）に集中することになった、という感想を抱かれるかもしれない。実際、倫理学の伝統的なテーマを、ほとんどすっとばしてしまった、といわれても仕方がないだろう。ただし「倫理学」とは、伝統的に、政治・経済を包括する人間・社会の総合学（humanity）であった。孔子の『論語』、プラトンの『国家』、アリストテレスの『倫理』、スピノザの『エチカ』、ヘーゲルの『法哲学』、みなそうだ。

しかし、意図してのことでもあった。

政治と経済を、倫理という学の枠組みでつかまえたら、どのような形と内容になるのか、ということが私の当初からの狙いである。しかも、この「学」は、専門の学（special sciences）ではなく、教養の学（general sciences）である。だから、日本人なら、特別の前提や訓練なしに理解することが出来る叙述になっている。端的にいえば、最大限でも、高校までの知識で十分なのだ。しかし、だからといって、内容を低く抑えるなどということはしていない。しかも、クラシカルでホットな話題、つまりは、普遍的なテーマをとりあげたつもりだ。

また、政治と経済といっても、専門知を要求するようなものを意味しているわけではない。政治を、支配に基づく人間と人間の関係、経済を、物質的生産と消費を介した人間と人間の関係、と言い換えたほうが分かりやすいだろう。だから、本講義で展開したのは、教養学の一環としての倫理学であり、さらに、政治と経済の倫理学ではなく、政治と経済を介した人間関係を、倫理学の枠組みでとらえ直す作業なのだ。

それにしても、政治・経済倫理学というのは、十分に魅力のあるテーマだ。近いうちに、是非本格アプローチしてみよう、と考えている。そのための肩ならしという作業に、本講義がなりえていたら、幸いである

2　私は、実際に、文科系の大学で、教養科目としての倫理学を、「人間と価値」という名前で講義している。本書は、１９９３年の4回分の講義内容を再録・再編したものだ。講義は、１回90分、年間20数回になる。1年に、ほぼ、5ないし6冊分の講義をしていることになる。異常な量と内容になる。

講義は、可能なかぎり全力で、というのがただ今の私の方針だ。しかし、何事も、自足はよろしくない。学生はもとより、より多くの方たちに、私の講義が出会う機会をもつことが出来たら、という年来の希望の一端が、はじめて本書のような形で実現することが出来た。このうえは、多くの方々の批判を頂き、いっそうの改良をすすめるつもりだ。

また、多様な形で、大学の教養学の全容を示すような「講義」を再録・再編してゆくつもりだ。本講義は、そのはじめての一歩の試みである。どこまでやれるかという一抹の不安はあるが、ご期待いただきたい、とここでは強く結んでおこう。〔1993年あとがき〕

3　今回、25年ぶりに改訂増補版を出すことが出来た。叙述を改め、「5　消費資本主義の倫理」をつけ加えることができた。〔2017/3/13〕

[著者紹介]

鷲田小彌太（わしだ・こやた）

1942年、白石村字厚別（現札幌市）生まれ。1966年大阪大学文学部（哲学）卒、73年同大学院博士課程（単位修得）中退。75年三重短大専任講師、同教授、83年札幌大学教授、2012年同大退職。

主要著書　75年『ヘーゲル「法哲学」研究序論』（新泉社）、82年『書評の同時代史』86年『昭和思想史60年』90年『吉本隆明論』（以上 三一書房）、91年『大学教授になる方法』（青弓社）、96年『現代思想』（潮出版社）、2007年『人生の哲学』（海竜社）、2012年（～17年 全5巻全10部）『日本人の哲学』15年『山本七平』（以上 言視舎）ほか、ベストセラー等多数。

本文DTP制作………勝澤節子

編集協力………田中はるか

※本書は1994年三一書房より刊行された『倫理学講義「生きる力」の潜在力を引きだす倫理学のダイナミズム』を増補再編集したものです。

生きる力を引き出す

超・倫理学講義

発行日❖2017年5月31日　初版第1刷

著者

鷲田小彌太

発行者

杉山尚次

発行所

株式会社言視舎

東京都千代田区富士見2-2-2 〒102-0071

電話03-3234-5997　FAX 03-3234-5957

http://www.s-pn.jp/

装丁

山田英春

印刷・製本

モリモト印刷㈱

ISBN978-4-86565-093-8 C0012